Sammlung Außerdeutscher Strafgesetzbücher
in deutscher Übersetzung

Herausgegeben von

Professor Dr. Hans-Heinrich Jescheck,
Direktor des Instituts für ausländisches und internationales Strafrecht
an der Universität Freiburg i. Br.
und Professor Dr. Gerhard Kielwein, Saarbrücken

LXXI.

Das Argentinische Strafgesetzbuch

Berlin 1957

Walter de Gruyter & Co.

vormals G. J. Göschen'sche Verlagshandlung · J. Guttentag, Verlagsbuchhandlung · Georg Reimer · Karl J. Trübner · Veit & Comp.

Das
Argentinische Strafgesetzbuch

von den gesetzgebenden Körperschaften angenommen am 30. September 1921 und verkündet am 29. Oktober 1921

(Gesetz Nr. 11179)

Übersetzt und mit einer Einleitung versehen
von
Heinz Mattes
Assistent
am Institut für ausländisches und internationales Strafrecht
an der Universität Freiburg im Breisgau

Gedruckt mit Unterstützung der Gesellschaft für Rechtsvergleichung

Berlin 1957

Walter de Gruyter & Co.

vormals G. J. Göschen'sche Verlagshandlung · J. Guttentag, Verlagsbuchhandlung · Georg Reimer · Karl J. Trübner · Veit & Comp.

Archiv-Nr. 246357/71
Satz und Druck: Thormann & Goetsch · Berlin-Neukölln

Vorwort

Der Übersetzer hat sich bemüht, den vorliegenden Text nicht als eine wörtliche Übertragung, sondern so abzufassen, daß möglichst aus sich heraus verständlich ist, d. h. für den juristisch gebildeten Leser das Typische der jeweiligen gesetzlichen Vorschrift und ihre grundsätzliche Abgrenzung gegenüber andern Bestimmungen wiedergibt. Aus diesem Bestreben heraus wurden zur Unterstützung des Gesetzestextes, soweit es erforderlich erschien, und um ein besseres Verständnis einzelner Vorschriften zu ermöglichen, manchen Gesetzesstellen Anmerkungen hinzugefügt. Bei dem oft engen Zusammenhang der Tatbestände des besonderen Teils mit Institutionen des Zivilrechts erwies es sich als zweckmäßig, auf diese Zusammenhänge zuweilen hinzuweisen. Zur Lösung von Auslegungsproblemen sind die Anmerkungen nicht gedacht.

Zur Terminologie der Übersetzung ist folgendes zu beachten: Soweit Inhalt und Bedeutung eines im argentinischen Strafgesetzbuch verwendeten Begriffes wenigstens im wesentlichen mit Inhalt und Bedeutung eines deutschen strafrechtlichen Begriffes ungefähr übereinstimmen, wurde dieser letztgenannte Begriff in der Übersetzung verwendet, sofern dies nicht wegen allzu großer Entfernung vom Wortlaut auch im Rahmen einer auf sinngemäße Übertragung abgestellten Übersetzung als nicht mehr vertretbar erschien. Im anderen Falle wurde nach Begriffen gesucht, die nicht mit einer bestimmten strafrechtlichen Bedeutung vorbelastet sind (oder bei denen doch nach Sachlage diese Bedeutung nicht auftaucht).

Die Einleitung will dem Leser das Verständnis des Strafgesetzes und die Würdigung einzelner gesetzlicher Bestimmungen erleichtern und einiges über die Entwicklung und die Tendenzen im argentinischen Strafrecht mitteilen.

Trotz andauernder Reformbestrebungen in Argentinien rechtfertigt sich die vorliegende Übersetzung dadurch, daß einmal bereits ein Beitrag über das argentinische Strafrecht (von Ricardo C. Núñez) im ersten Band der von Metzger, Schönke † und Jescheck herausgegebenen Sammlung „Das ausländische Strafrecht der Gegenwart“ (Berlin 1955), der die Kenntnis des Gesetzestextes voraussetzt, erschienen ist, daß sich trotz anhaltender Kritik des StGB durch die vorherrschende wissenschafliche Meinung eine Dogmatik zu diesem Gesetzbuch (selbst unter Beteiligung der Kritiker) herausgebildet hat und demgegenüber die zahlreichen Reformversuche der letzten drei Jahrzehnte bisher erfolglos geblieben sind, daß es schließlich Stimmen gibt (selbst unter denen, die seit langem eine Reform nachdrücklich gefordert hatten), die — vielleicht z. T. auch unter dem Eindruck der Dogmatik, die sich inzwischen entwickelt hat — die Zeit einer Reform nicht für günstig halten und daß im ganzen nach den bisherigen Erfahrungen kaum angenommen werden kann, es werde das geltende StGB bald einem neuen weichen müssen.

Die im Abkürzungsverzeichnis genannte Literatur gibt zugleich eine Übersicht über die bei der Übersetzung und der Ausarbeitung der Einleitung in der Hauptsache benutzten Werke.

Inhaltsverzeichnis

Abkürzungsverzeichnis

Fontán Balestra:	Carlos Fontán Balestra, Derecho penal, Introducción y Parte general, 2. Aufl., Buenos Aires, 1953.
Fontán Balestra, Manual I:	Carlos Fontán Balestra, Manual de Derecho penal, Parte general, Buenos Aires, 1949.
Fontán Balestra, Manual II 1:	Carlos Fontán Balestra, Manual de Derecho penal, Parte especial, Bd. 1, Buenos Aires, 1951.
Gómez:	Leyes penales anotadas, Bde. I—IV, Buenos Aires, 1952—1954.
Gómez, Tratado:	Eusebio Gómez, Tratado de Derecho penal, Bde. I—VI, Buenos Aires, 1939—1942.
Jiménez de Asúa, El Nuevo Código:	Luis Jiménez de Asúa, El Nuevo Código Penal Argentino y los recientes proyectos complementarios ante las modernas direcciones del derecho penal. Madrid 1928 (2. Aufl. Buenos Aires, 1943).
Jiménez de Asúa, Tratado:	Luis Jiménez de Asúa, Tratado de Derecho penal; bisher erschienen Bde. I—V, Buenos Aires, 1950—1956.
Mallo:	Mario M. Mallo, Código penal argentino comentado y sus Leyes complementarias, Bde. I—III, Buenos Aires, 1948—1951.
Mediano:	Juan Manuel Mediano, Leyes penales comentadas con notas del codificador y la jurisprudencia de los Tribunales argentinos, Buenos Aires, 1946.
Núñez:	Ricardo C. Núñez, Das argentinische Strafrecht, in: Das ausländische Strafrecht der Gegenwart, herausgegeben von Mezger, Schönke und Jescheck, Bd. I, Berlin 1955, S. 1 ff.
Oderigo:	Mario Oderigo, Código penal anotado, 2. Aufl., Buenos Aires, 1946.
Soler:	Sebastián Soler, Derecho penal argentino, Bde. I—V, Buenos Aires, 1945—1946.

Einleitung[1])

I. Vorbemerkung

Argentinien ist ein republikanischer Bundesstaat. Es besteht aus 17 Provinzen (den Bundesstaaten), 7 Nationalterritorien (nationalen Gebietsteilen), zu denen eine Militärzone gehört, und der Bundeshauptstadt (Buenos Aires), auch Bundesdistrikt genannt. Die Provinzen haben eigene Gesetzgebungsorgane und eigene Regierungen, während die Nationalterritorien bundesunmittelbar sind (sie stehen unter der Aufsicht von Gouverneuren, die der Präsident ernennt). Die Schaffung eines Strafgesetzbuches ist nach der Verfassung Bundesangelegenheit. Die Rechtspflege obliegt den Bundesgerichten und den sog. ordentlichen Gerichten der Hauptstadt und der Provinzen. Die Bundesgerichte sind berufen, in Sachen nationalen Charakters oder wenn Provinzen oder Einwohner verschiedener Provinzen Parteien sind, zu entscheiden. Die Bundesgerichtsbarkeit wird vom Obersten Gerichtshof der Nation (in Buenos Aires), 5 Berufungsgerichten (Buenos Aires, La Plata, Paraná, Córdoba und Rosario [Santa Fé]) und erstinstanzlichen Gerichten in der Hauptstadt, den Provinzen und den Nationalterritorien ausgeübt. Das Justizsystem der Provinzen und der Hauptstadt kennt jeweils einen Obersten Gerichtshof und untere Gerichte (erster Instanz). — In Strafsachen wird die Zuständigkeit zwischen Bundesgerichtsbarkeit und ordentlicher Gerichtsbarkeit nach sachlichen, örtlichen und personellen Gesichtspunkten verteilt.

II. Geschichte der argentinischen Strafgesetzgebung bis zum Inkrafttreten des geltenden StGB[2])

Die Geschichte des argentinischen Strafrechts beginnt erst mit der Unabhängigkeit Argentiniens. Bis dahin galt — wie in allen spanischen Kolonien Amerikas — spanisches Recht, das durch die Eigenart des Landes nur geringe Veränderungen erfahren hatte.

Am 25. Mai 1810 wurde die argentinische Unabhängigkeit erklärt; Spanien erkannte sie aber nicht an, und es folgten jahrelange Unabhängigkeitskämpfe. Die verfassunggebende Versammlung von Tucumán rief am 9. Juli 1816 die Unabhängigkeit der neuen Republik „Vereinigte Provinzen am Rio de la Plata" aus. Die erste Verfassung erhielt das Land am 30. April 1818 durch den Kongreß von Buenos Aires, eine weitere am 24. Dezember 1826, die vorübergehend eine starke Zentralregierung brachte. Innere Kämpfe dauerten jahrzehntelang an. Erst die 1853 geschaffene und 1860 geänderte und von allen Provinzen anerkannte Verfassung brachte eine allmähliche Konsolidierung.

---

1) Siehe auch den Beitrag von Ricardo C. Núñez über „Das argentinische Strafrecht" in: Das ausländische Strafrecht der Gegenwart, herausg. von Mezger, Schönke und Jescheck, Bd. I, Berlin 1955.

2) Eine ausführliche Darstellung gibt L. Jiménez de Asúa in seinem Tratado I 785 ff., die auch bei der Abfassung der folgenden Darlegung zu Rate gezogen wurde. Die Angaben zur Geschichte der argentin. Strafgesetzgebung beruhen großenteils auf Mitteilungen in dem gen. Werke.

Einleitung

Bei Ausbruch der Unabhängigkeitskämpfe waren in Kraft die Nueva Recopilación, eine von Philipp II. veranlaßte und 1567 veröffentlichte Sammlung der damals in Kastilien geltenden Gesetze, deren Buch VIII das Strafrecht und das Strafverfahrensrecht enthielt, sowie eine ganze Reihe früherer Gesetzesvorschriften (aus den verschiedenen Fueros, Leyes usw.), vor allem die Siete Partidas Kastiliens (1256—1265) aus der Zeit Alfons' X. (des Weisen), mit denen römisches Recht, unter starkem Einfluß kanonischen Rechts, in Spanien rezipiert worden war. Die Siete Partidas erlangten im Rechtsleben Spaniens und der Kolonien große Bedeutung und waren noch bis zum vorigen Jahrhundert (als subsidiäres Recht) in Kraft. — Spanien hatte zwar 1805 sein geltendes Recht in der Novísima Recopilación (Strafrecht Buch XII) zusammengefaßt; Argentinien wurde jedoch vor ihrer Einführung in seinem Gebiet selbständig. Es setzte nur 1811 zwei Gesetze der Novísima Recopilación über den Raub zur besseren Bekämpfung der Eigentumsdelikte in Kraft.

Das spanische Strafrecht galt während der Unabhängigkeitskämpfe und noch jahrzehntelang danach fort. Es wurde jedoch von 1810 an durch eine Menge einzelner Gesetze, VOen usw. nach den Erfordernissen des Augenblicks in Einzelpunkten ergänzt oder abgeändert. Das Ergebnis war sehr bald ein unübersichtliches Durcheinander strafrechtlicher Vorschriften, die häufig für denselben Sachverhalt einander widersprechende Bestimmungen trafen, sich gegenseitig aufhoben, bald wieder außer Kraft traten usw.[1]) Es fehlten ein grundlegendes Gesetz und infolgedessen auch allgemeine Vorschriften. Aus den vorhandenen, sich oft widersprechenden Gesetzen nahm man, was gerade passend erschien. Die Verfahren wurden höchst summarisch durchgeführt[2]). — Das Dekret des Generals Justo José de Urquiza (der damals den argentinischen Bund provisorisch leitete) vom 24. August 1852, mit dem eine Kommission zur Ausarbeitung von Entwürfen für Zivil-, Straf-, Handels- und Prozeßgesetzbücher (allerdings erfolglos) eingesetzt wurde, sprach von „völlig unanwendbaren Gesetzen, wie fast alle strafrechtlichen, die häufig so grausame oder überspannte Bestrafungen androhen, daß die Richter, um nicht dem Fluch oder der Lächerlichkeit ihrer Anwendung ausgesetzt zu sein, selbst in jedem Falle als Gesetzgeber auftreten; und die Willkürlichkeit, die so sehr eine Feindin der Gerechtigkeit ist, wird zu allem Unglück eine Wohltat im Vergleich zu der Ungereimtheit, jene Strafen zu verhängen."[3])

Auch die Verfassung (Constitución Nacional) vom 1. Mai 1853 beendete diese gesetzliche Anarchie noch nicht. In ihr wurden das bundesstaatliche System verankert und der Kongreß für zuständig erklärt, u. a. ein Strafgesetzbuch zu schaffen. Streit herrschte darüber, ob dieses StGB auch Übertretungen enthalten sollte; die Verfassung sagte darüber nichts. — Der Aufbau der Gerichtsbarkeit blieb unberührt; er entspricht noch heute bundesstaatlichen Prinzipien (s. o.).

Die Verfassung von 1853 enthielt eine ganze Reihe strafrechtlicher Vorschriften, die allerdings z. T. nur programmatischen Charakter hatten. Sie sprach ausdrücklich die Gleichheit „der Einwohner der Nation" (nicht lediglich der argentinischen Staatsangehörigen) vor dem Gesetz aus und bestimmte, daß Strafen gegen diese Einwohner nur auf Grund vorherigen

---

1) Soler I 103.

2) Fontán Balestra, Manual I 65.

3) Zitiert nach Jiménez de Asúa, Tratado I 799.

Verfahrens und eines schon vor der Tat geltenden Gesetzes verhängt werden dürften. Es fand sich ferner (aus dem Dekret vom 20. März 1835, das aber erst seit 1852 in Kraft war, übernommen)[1]) das Verbot der Todesstrafe für politische Delikte und der Vermögenseinziehung sowie das Verbot der Folter und der Auspeitschung (die letzte war allerdings schon kurz vor Ausbruch der Revolution abgeschafft worden). Ihrer Auffassung über die Strafe gab diese Verfassung mit der Bestimmung, die nationalen Strafanstalten sollten gesund und sauber eingerichtet sein und damit der Sicherheit und nicht der Bestrafung der Häftlinge dienen, Ausdruck; für jede aus Gründen der Vorsicht getroffene Maßnahme, durch die die Gefangenen mehr zu leiden hätten als die Vorsicht erfordert, sollte der sie genehmigende Richter zur Verantwortung gezogen werden. Alle diese Grundsätze galten als Fortschritt. Ferner wurde eine Reihe von Handlungen beschrieben, deren Begehung die Verfassung zu Verbrechen erklärte: so der Menschenhandel (Sklavenhandel), die Verletzung der Wohnung, des Brief- und Postgeheimnisses, der Verrat, der Aufruhr (vgl. Art. 230 Z. 1 StGB) und der Aufstand (aufgefaßt als Einräumung umfassender und tyrannischer Gewalten; vgl. Art. 227 StGB).

Das von der Verfassung in Aussicht gestellte StGB sollte jedoch noch lange Zeit auf sich warten lassen. Zunächst wurden im Zuge des Aufbaus des von der Verfassung vorgeschriebenen föderativen Rechtspflegesystems die Gesetze Nr. 48 (vom 13. Oktober 1862) und 49 (vom 25. August 1863; erst mit Inkrafttreten des geltenden StGB von 1922 aufgehoben) geschaffen. Gesetz Nr. 48 betraf Aufbau und Aufgaben der nationalen Gerichtsbarkeit (der Gerichtsbarkeit des Bundes), während Gesetz Nr. 49 in gewisser Hinsicht als ein (erstes) Strafgesetzbuch gelten kann, denn es enthielt neben Vorschriften aus der Zivil- und der Strafgerichtsbarkeit die Tatbestände einer Reihe der wichtigsten Straftaten nationaler Bedeutung (Hochverrat, Verbrechen, die den Frieden und die Würde der Nation gefährden, Seeräuberei, Aufstand, Aufruhr, Ungebührlichkeit gegenüber der Obrigkeit, Widerstand gegen die Obrigkeit und Gefangenenentweichung, Unterschlagung oder Entziehung öffentlicher Postsachen, Entziehung oder Zerstörung von in öffentlichen Ämtern aufbewahrten Urkunden, Fälschung, Bestechung und andere, von Bediensteten oder gegen den nationalen Fiskus begangene Delikte)[2]). Zur Aburteilung dieser Straftaten wurden die Bundesgerichte berufen.

Am 5. Dezember 1864 erhielt *Dr. Carlos Tejedor* den Auftrag, einen Strafgesetzentwurf auszuarbeiten. Er legte den allgemeinen Teil des mit Erläuterungen versehenen Entwurfs im Jahre 1865, den besonderen Teil 1868 vor. Als Vorbilder dienten das bayerische StGB von 1813, das 1850 reformierte spanische StGB von 1848 und das StGB von Louisiana (in der Darstellung von Livingstone). Die Anmerkungen, die Erläuterungen über die Doktrin und die ausländischen Gesetze, die als Vorbilder gedient hatten, enthielten, galten lange Zeit als „authentische Interpretation“[3]). Tejedor teilte die strafbaren Handlungen in Verbrechen, Vergehen und Übertretungen ein, nahm jedoch sogenannte Polizeiübertretungen, Pressedelikte, Militärdelikte und die Straftaten des Gesetzes Nr. 49 (s. o.) nicht in seinen Entwurf auf. Die Strafen wurden als gesetzliche Übel (males

1) Fontán Balestra, Manual I 65.

2) Angaben nach Jiménez de Asúa, Tratado I 798.

3) Juan P. Ramos, Curso de derecho penal, Bd. IV, 3. Aufl., 1943, S. 18.

legales) definiert und in körperliche (Todesstrafe, mehrere Arten von Freiheitsstrafen), ehrentziehende und geldliche Strafen eingeteilt. Die Todesstrafe beschränkte Tejedor in der Hoffnung, daß sie bald ganz abgeschafft werden könne, auf besonders schwere Verbrechen; bei Frauen und Minderjährigen unter 18 Jahren sollte sie überhaupt verboten sein, desgleichen bei Indizienbeweis oder wenn das Verfahren mehr als 2 Jahre gedauert hatte. Auf die meisten Straftaten waren feste Strafen angedroht, wodurch der E etwas Kasuistisches erhielt. Den Rückfall faßte der E als Straferhöhungsgrund auf. Mildernde und erschwerende Umstände wurden aufgeführt (für die Fälle ohne feste Strafe), hatten aber im Gegensatz zur spanischen Tradition mehr den Charakter von Strafanwendungsregeln (wohl Einfluß des bayerischen StGB)[1]. Der Richter sollte einerseits die Art der Handlung als solche und andererseits das Verbrecherische der verfolgten Absicht beachten; der E zählte die auf die Handlung oder die Absicht bezüglichen Umstände auf, die die Strafbarkeit erhöhen oder mindern sollten. — Für Minderjährige war ein besonderes System vorgesehen: bei Kindern unter 10 Jahren häusliche Korrektion (wobei Mitwirkung und Überwachung durch die Behörde möglich), bei solchen zwischen 10 und 14 Jahren milde Strafen (Gefängnis von 2 Monaten bis zu einem Jahr) und bei denen zwischen 14 und 18 Jahren Minderung der Strafe; bei den 18- bis 21jährigen jedoch nur noch Ersatz der Todesstrafe durch unbestimmte Freiheitsstrafe möglich. — Die Strafen sollten nicht grausam, die Zuchthausstrafe jedoch entehrend sein (Kette am Fuß der Häftlinge, harte und beschwerliche Außenarbeiten). — Auch die zivilrechtliche Verantwortlichkeit war im Entwurf geregelt.

Der Entwurf Tejedor wurde nicht Gesetz, sondern von einer 1868 ernannten Kommission überarbeitet, die ihn zu einem neuen Entwurf umgestaltete, dem es (von *Villegas, Ugarriza* und *García* verfaßt und 1881 vorgelegt) jedoch im Kongreß nicht besser erging. Der *Entwurf 1881* hatte die Dreiteilung der strafbaren Handlungen aufgegeben und kannte nur noch „delitos". Er sprach vom verbrecherischen Willen, der in der freien Entscheidung, eine Straftat zu begehen, bestehe. Die Kasuistik des Entwurfs Tejedor sollte vereinfacht werden und dem Richter ein gewisser Spielraum innerhalb (ziemlich enger) Strafrahmen verbleiben. Im ganzen entfernte sich der neue Entwurf großenteils vom bayerischen Vorbild und suchte Anlehnung an das spanische StGB von 1870.

Trotz seines Mißerfolges im Kongreß erlangte der Entwurf Tejedor großen Einfluß auf die weitere strafrechtliche Entwicklung in Argentinien. Die meisten Provinzen setzten ihn als Provinzialgesetze in Kraft, und er diente sogar als Vorbild für das StGB von Paraguay[2].

Angesichts dieser Lage entschloß sich der Kongreß zur Ausarbeitung eines StGB auf der Grundlage des ersten Entwurfs Tejedor. Der von der Comisión de Códigos de la Cámara de Diputados ausgearbeitete endgültige Entwurf war jedoch trotz seiner Bezeichnung („Reformas al Proyecto de Tejedor") ein neuer Entwurf, der sich erheblich vom Entwurf Tejedor unterschied. Da ein weiterer Aufschub nicht mehr möglich erschien, wurde der neue Entwurf ziemlich schnell angenommen, und zwar durch *Gesetz Nr. 1920 vom 7. Dezember 1886.* Das so geschaffene StGB trat

[1] Jiménez de Asúa, Tratado I 802.
[2] Jiménez de Asúa, Tratado I 803.

am 1. März 1887 in Kraft. Es hatte die Dreiteilung der strafbaren Handlungen ebenso wie die festen Strafen aufgegeben und die Zahl der Freiheitsstrafen vermindert. Die Todesstrafe blieb bestehen, war aber nicht anwendbar auf Frauen, Minderjährige und Personen über 70 Jahre, bei mildernden Umständen, in Verfahren, die ohne Verschulden des Angeklagten oder seines Verteidigers mehr als 2 Jahre gedauert hatten, nach Ablauf der halben Verjährungszeit, bei Indizienbeweis. Die Untersuchungshaft konnte auf körperliche Strafen angerechnet werden. Grundlage der Verantwortlichkeit sollte der verbrecherische Wille und die Bestrafung weder politisch noch religiös, sondern sozial sein, d. h. die Verbrecher sollten im Interesse und im Namen der Gesellschaft bestraft werden. Die zivilrechtliche Wiedergutmachung fand keinen Platz im StGB, da sie ins Zivilgesetzbuch gehöre.

Das StGB wurde gut aufgenommen, da es einen gesetzlosen Zustand beendete (allerdings wurde weithin nur eine bereits bestehende Lage durch Gesetz der Nation sanktioniert, da die meisten Provinzen den ersten Entwurf Tejedor in Kraft gesetzt hatten). Es wies jedoch nach dem Urteil zeitgenössischer Juristen große Mängel auf, so daß sich bald eine starke Kritik erhob. Schon die (o. gen.) Kommission hatte nicht geglaubt, mit ihrem Entwurf etwas Endgültiges geschaffen zu haben, war vielmehr der Meinung, man könne das StGB nach den Erfahrungen bei seiner Anwendung allmählich verbessern. Jetzt wurde u. a. gerügt, daß das StGB die von der Verfassung vorgeschriebene Vereinheitlichung des Strafrechts nicht in vollem Umfang gebracht (u. a. blieben noch Provinzialgesetze; vor allem aber waren die Delikte des Ges. Nr. 49, deren Aburteilung zur Zuständigkeit der Nationalgerichte gehörte, nicht in das StGB aufgenommen worden), neue Rechtseinrichtungen (wie Sonderbehandlung des Rückfalls — bisher lediglich strafverschärfender Umstand —, bedingte Verurteilung, bedingte Entlassung usw.) nicht aufgenommen und strafwürdige Taten straflos gelassen habe usf.

Auf Grund dieser Kritik beauftragte die Regierung am 7. Juni 1890 die Dres. *Norberto Piñero, Rodolfo Rivarola und José Nicolás Matienzo*, einen Reformentwurf auszuarbeiten, der im Juni *1891* mit ausführlichen Motiven vorgelegt wurde. Man hatte nunmehr auch die Delikte des Ges. Nr. 49 in den Entwurf einbezogen. Er teilte die strafbaren Handlungen in Verbrechen und Übertretungen ein, wobei er für die letztgenannten u. a. Höchststrafen, die die Provinzen, Territorien und Gemeinden androhen dürften, festsetzte, selbst aber nur Übertretungen nationalen Charakters enthielt, ließ die Todesstrafe bestehen (aber nur für den, der, zu lebenslangem Zuchthaus verurteilt, während der Strafverbüßung ein anderes, mit derselben Strafe bedrohtes Verbrechen begeht; ausgenommen waren jedoch Frauen, Minderjährige unter 18 Jahren und Alte über 70 Jahre sowie die Fälle des Indizienbeweises) und beschränkte die Hauptstrafen auf Kerker und Besserungshaus. Es waren für gefährliche geisteskranke Täter Unterbringung in einem Irrenhaus, für Jugendliche unter 14 Jahren, deren Belassung im Elternhaus usw. gefährlich erschien, Korrektionsmaßnahmen vorgesehen. Die bedingte Entlassung wurde gestattet. Der Rückfall erhöhte nicht lediglich die Strafe, sondern bildete die Grundlage für die Feststellung der Gewohnheitsmäßigkeit. Gefährliche Rückfällige und Gewohnheitsmäßige sollten auf eine Insel deportiert werden (vgl. den heutigen

Art. 52). Die zivilrechtliche Verantwortlichkeit für Straftaten wurde geregelt. — Der besondere Teil des Entwurfs 1891 führte neue Tatbestände ein und ist vor allem wichtig, weil das StGB 1921 den größten Teil seiner Tatbestände über den Entwurf 1906 aus dem Entwurf 1891 nahm. Dem Richter ließ man jetzt größeren Spielraum bei der Festsetzung der Strafe. — Als Vorbild für den Entwurf diente in erster Linie das italienische StGB 1889, das die strafrechtlichen Ideen der Zeit am besten zu verwirklichen schien. Der größte Teil der Bestimmungen über Verbrechen gegen Personen z. B. ist aus dem italienischen StGB 1889 übernommen worden. Auch das holländische StGB hatte teilweise als Vorbild gedient.

Der Entwurf erhielt eine günstige Kritik. Viele bezeichnen ihn als „klassisch", während andere in ihm bereits manche Zugeständnisse an die Lehren der positivistischen Schule sehen wollen (vor allem die Auffassung, das StGB sei Instrument im Kampf — in der Verteidigung — gegen das Verbrechertum).

Der Kongreß hielt jedoch schließlich Teilreformen für genügend, und so erging das *Gesetz Nr. 4189 (Ley de Reformas) vom 22. August 1903.* Die als Reformen in das StGB eingeführten neuen Vorschriften stammten fast alle aus dem Entwurf 1891. Die Änderungen wurden mit geteilter Meinung aufgenommen.

In den Jahren vor und nach dieser Teilreform trat eine Reihe von Gesetzen strafrechtlichen Inhalts, die lediglich einzelnen dringenden Bedürfnissen abhelfen sollten, zugleich aber eine gewisse gesetzliche Verwirrung brachten, in Kraft. Bereits ein Jahr nach der Reform von 1903 ernannte die Regierung angesichts der Notwendigkeit, „den vielfältigen Gesetzen, die in der Republik über Bestrafung und Strafverfahren gelten, die größtmögliche Beständigkeit und Einheit zu geben", eine neue Reformkommission. Diese legte am *10. März 1906* ihren Entwurf vor, nachdem vorher *(1905) Rivarola* (selbst Mitglied der Kommission) seinen Vorentwurf nebst einer Darlegung der Reformgrundsätze veröffentlicht hatte[1]). Der Entwurf wollte u. a. das Strafrecht gegenüber der Vielzahl der damals geltenden strafrechtlichen Gesetze vereinheitlichen und einige Neuerungen, die in anderen Ländern erprobt schienen, einführen. Er teilte die strafbaren Handlungen in Verbrechen und Übertretungen ein und widmete den Übertretungen ein eigenes (drittes) Buch. Die Arten der Freiheitsstrafen wurden auf drei beschränkt: Zuchthaus, Gefängnis, Haft. Die Todesstrafe blieb (jedoch mit weiteren Einschränkungen). Die bedingte Entlassung wurde geregelt und erstmals die bedingte Verurteilung (bei Strafen unter 2 Jahren) in den Entwurf aufgenommen sowie das System der (Aufzählung der) mildernden und erschwerenden Umstände endgültig aufgegeben und durch eine dem heutigen Art. 41 entsprechende Bestimmung ersetzt. Die Hehlerei sollte keine Form der Teilnahme mehr sein. Für die mehrfach Rückfälligen war Strafverbüßung im Süden des Landes vorgesehen; die Deportation blieb (s. o. Entwurf 1891).

---

[1]) Er trat darin vor allem für ein einheitliches StGB für das ganze Land, für die Verminderung der Arten der Freiheitsstrafe, die Abschaffung der Todesstrafe, die bedingte Verurteilung, Deportation bei Rückfälligkeit, Ersatz kurzzeitiger Freiheitsstrafen durch Geldstrafen, Ersatz des Schadens, allgemeine Strafzumessungsregeln mit Schwergewicht auf den persönlichen Umständen des Täters, Qualifizierung der Verjährung durch die gute Führung des Beschuldigten oder Bestraften ein (Angaben nach Jiménez de Asúa, Tratado I 824).

Vorbild für den Entwurf 1906 waren der Entwurf 1891 und damit das italienische und das holländische StGB. Der Entwurf fand zunächst überwiegend gute Aufnahme, dann aber mehrte sich die Kritik; man machte ihm vor allem zum Vorwurf, daß er das norwegische StGB von 1902 und den Entwurf Stooß zum Schweizer StGB nicht beachtet habe und daß er theoretisch neutral sein wolle, anstatt die modernen Strömungen im Strafrecht zu berücksichtigen. Immerhin wurde der Entwurf 1906 zum Vorläufer des geltenden StGB von 1921.

1916 legte *Rodolfo Moreno* einen auf der Grundlage des Entwurfs 1906 ausgearbeiteten Entwurf vor, über den eine Umfrage unter Richtern und anderen, namhaften Juristen des Landes veranstaltet wurde. Eine Kommission der Abgeordnetenkammer sollte unter dem Vorsitz von Moreno die vorgeschlagene Reform prüfen. Am 16. Juli 1917 hatte sie ihre Arbeit beendet; es wurde der *Entwurf 1917 (Proyecto de Código penal para la Nación Argentina)* nebst den Motiven (beides hatte Moreno abgefaßt) veröffentlicht. In dem Entwurf wollte man den neuen Gedanken der sog. kriminalpolitischen Richtung Rechnung tragen (so wenigstens die Motive, die behaupten, man habe die Ideen des norwegischen StGB und der Schweizer und der deutschen Entwürfe den aus den früheren argentinischen Gesetzen und Entwürfen sowie der spanischen Gesetzgebung überkommenen Prinzipien, soweit diese den Erfordernissen der Zeit nicht mehr entsprächen, vorgezogen[1]).

Moreno hatte mit seinem Entwurf 1916 vor allem folgende Änderungen vorgeschlagen: Ausscheidung aller Vorschriften über Übertretungen aus dem StGB; Abschaffung der Todesstrafe, Weiterzahlung der Hälfte der Renten bestimmter Verurteilter zugunsten ihrer Familie, Einarbeitung einiger strafrechtlicher Nebengesetze in das StGB sowie Änderung der Strafandrohung oder Einschränkung oder Erweiterung der Tatbestände bei einer Anzahl von Delikten. Der Entwurf 1917 sah denn ebenfalls eine große Zahl von Neuerungen vor, u. a. Bestrafung der durch Argentinier im Ausland begangenen Verbrechen, Rückwirkung des günstigeren Gesetzes, besondere Strafanstalten für Minderjährige und Frauen, Höchstgrenzen der Übertretungsstrafen (für die Provinzen), Definition der Unzurechnungsfähigkeit, Sicherungsmaßnahmen für die gefährlichen Unzurechnungsfähigen, besondere Vorschriften für Minderjährige unter 18 Jahren, Anweisung an den Richter, von dem Angeklagten unmittelbar und durch Augenschein Kenntnis zu nehmen, größere Freiheit in der Bestrafung des Versuchs und der Beihilfe usw.[2]).

Die Abgeordnetenkammer billigte den Entwurf 1917 noch im selben Jahre und überwies ihn dem Senat, dessen Gesetzgebungskommission in ihrem Gutachten von 1919 Änderungsvorschläge unterbreitete, die überwiegend angenommen wurden. Erwähnenswert sind hier vor allem der Vorschlag, daß jeder wegen eines mit mehr als 10 Jahren Zuchthaus oder Gefängnis bedrohten Verbrechens Angeklagte eine psychiatrische Untersuchung über sich ergehen lassen sollte (welche Reform dann im Prozeßrecht durchgeführt wurde), die mildere Bestrafung des Totschlags in Er-

[1]) Nach dem Zitat bei Jiménez de Asúa, Tratado I 830, der dort weiter angibt, die Theorien der kriminalpolitischen Schule seien bei Abfassung des Entwurfs noch nicht bekannt gewesen, sondern hätten erst vor Abfassung der Motive Eingang in Argentinien gefunden. — Bekannt jedoch waren die gen. Entwürfe.

[2]) Angaben nach den Mitteilungen bei Jiménez de Asúa, Tratado I 828 ff.

regung (Art. 81 Z. 1 lit. a; aus dem Schweizer Entwurf 1916 übernommen) und die Straflosigkeit der medizinisch, eugenisch oder aus Gefühlsrücksichten indizierten Abtreibung (heutiger Art. 86 II; in Z. 2 waren noch die bewußtlose und die widerstandsunfähige Frau sowie die aus einer Blutschande herrührende Schwangerschaft genannt; aus dem Schweizer Entwurf 1916 übernommen) sowie die Beseitigung der richterlichen Befugnis, den Ehegatten, Verwandten aufsteigender Linie oder Bruder, der seine Ehefrau, eine Verwandte absteigender Linie oder seine Schwester mit einem Dritten beim unerlaubten Beischlaf überrascht und einen von beiden oder beide auf der Stelle tötet, straflos zu lassen. Dem zu Geldstrafe Verurteilten sollte gestattet werden, seine Strafe durch freie Arbeit zu tilgen, soweit sich Gelegenheit dazu böte, und der Richter die Möglichkeit haben, Zahlung der Geldstrafe in Raten zu erlauben, sowie a. m. Bevor jedoch der Senat seine soeben angeführte Stellungnahme der Abgeordnetenkammer zugeleitet hatte (1921), waren durch einige Werke[1]) Lehren zeitgenössischer kriminalistischer Strömungen weiter bekanntgemacht worden, und der italienische Entwurf 1921 (Ferri) hatte den Anhängern des Positivismus größeren Auftrieb gegeben. Es entstand infolgedessen eine starke Strömung gegen den Reformentwurf. Man verlangte tiefgreifende Änderungen, die bei dem Stand der Reformarbeit nur noch schwer durchzuführen gewesen wären; und von vorn wollte man nicht noch einmal anfangen. So begnügte man sich mit einer Reihe kleinerer Änderungen. U. a. sollten die Todesstrafe wieder eingeführt und auf die erschwerten Tötungsfälle des Art. 80 angedroht, die Beschränkungen der Provinzen in der Übertretungsstrafgesetzgebung gestrichen, in Art. 34 Z. 1 der nicht verschuldete Tatirrtum aufgenommen, die jetzt in Art. 78 zu findende Vorschrift geschaffen und schließlich im besonderen Teil zahlreiche Verbesserungen angebracht werden. Die einzige unmittelbare Anknüpfung an die positivistische Theorie der Gefährlichkeit blieb die Aufnahme des Wortes „Gefährlichkeit" (peligrosidad) in Art. 41, ohne daß jedoch damit der Charakter des StGB auch nur in einem Teil geändert worden wäre.

Der so umgestaltete Entwurf Moreno wurde im September 1921 in der Abgeordnetenkammer beraten, die sich mit einer Reihe von Änderungen einverstanden erklärte, jedoch vor allem die vom Senat in den Entwurf eingefügte Todesstrafe wieder strich. Am *30. September 1921* als Gesetz angenommen, wurde das geltende StGB mit *Gesetz Nr. 11.179* am *29. Oktober 1921 verkündet* und *trat am 29. April 1922 in Kraft.* — Das Gesetz Nr. 11.221 vom 21. September 1923 *(Fe de erratas)* verbesserte die Fehler, die im ersten offiziellen Gesetzestext enthalten waren.

Das StGB wurde zwar von manchen, z. T. mit Nachdruck, gut aufgenommen, stieß aber bei den Strafjuristen ganz überwiegend auf Ablehnung, und selbst die Regierung begegnete ihm mit wenig Sympathie. Der Grund dafür ist wohl, daß die Lehren des Positivismus inzwischen in Argentinien weitgehend Anerkennung gefunden hatten, das neue StGB den positivistischen Forderungen aber nicht entsprach. Von vielen Anhängern des Positivismus wurde das neue StGB daher als „neuklassisch" verurteilt, während einige andere in ihm doch moderne (also positivistische) Ideen verwirklicht finden wollten.

---

[1]) U. a. des dem Positivismus anhängendem nachmaligen Verfassers des Entwurfs 1941, José Peco, und des Verfechters der Lehren der kriminalpolitischen Schule in Argentinien, Juan P. Ramos, der deutsche und Schweizer Theorien übernahm.

III. Einflüsse fremder Gesetzgebungswerke auf das argentinische StGB[1])

Am meisten ist das argentinische StGB, mindestens was die Fassung vieler Gesetzesstellen anbetrifft, auf Grund der spanischen Tradition des argentinischen Strafrechts wohl vom spanischen StGB 1870 (z. T. durch Beibehalten von Vorschriften aus dem StGB von 1886, das vieles aus dem span. StGB 1870 übernommen hatte) beeinflußt worden, ferner (über den Entwurf 1906) vom italienischen StGB 1889 (vor allem in Tatbeständen des besonderen Teils). Für die Einführung von Neuerungen, insbesondere solcher auf Grund moderner kriminalpolitischer Forderungen, wurden vor allem die Schweizer Entwürfe zu Rate gezogen (so sind die Vorschriften der Art. 36 ff., 81 Z. 1 a und 86 II nach Schweizer Vorbildern, z. T. in wörtlicher Anlehnung, gestaltet worden). Eine gewisse Rolle scheinen auch die Strafgesetze Hollands und Norwegens sowie die deutschen Entwürfe und der schwedische Entwurf 1916 (aus diesem soll die Wendung des Art. 41 Z. 2 „... die Not oder die Schwierigkeit, den notwendigen Lebensunterhalt für sich und die Seinen zu verdienen ..." stammen)[2]), gespielt zu haben. Der italienische Entwurf 1921 hat schließlich noch die Aufnahme der Worte „größere oder geringere Gefährlichkeit" in Art. 41 Z. 2 bewirkt (vorher war von der Verkommenheit die Rede). — So ist das vielfach gefällte Urteil verständlich und vielleicht nicht ungerecht, das argentinische StGB trage einen eklektischen Charakter, und es fehle ihm eine ausgeprägte wissenschaftliche Orientierung.

IV. Die theoretische Stellung des argentinischen StGB[3])

Zur Würdigung der theoretischen Grundlagen des argentinischen StGB muß man sich zunächst vor Augen halten, daß die (italienische) positivistische Schule (der naturalistische Positivismus Lombrosos und seiner Kriminalanthropologie, Ferris und Garofalos) mit ihren Forderungen, die auf die ethische Verantwortlichkeit gegründete Vorwerfbarkeit durch die auf der Gefährlichkeit des Verbrechers beruhende soziale Verantwortlichkeit, für die die Zurechnungsfähigkeit keine Rolle spiele, zu ersetzen, eine für die individuelle Behandlung der Verbrecher (zum Zweck der Verteidigung der Gesellschaft gegen das Verbrechen und damit, um das Ziel der Sanktion, die Resozialisierung des Verbrechers, erreichen zu können) geeignete Vielzahl von Sanktionen (die keine Strafen, sondern lediglich Maßnahmen darstellen sollten) einzuführen und die unbestimmte Verurteilung an die Stelle der im voraus bestimmten Strafe zu setzen, von je mehr oder minder zahlreiche Anhänger in Argentinien gehabt hat. Bis zu den Jahren vor der Verabschiedung des geltenden StGB war der Einfluß des italienischen strafrechtlichen Positivismus durch weitere Verbreitung und vertiefte Kenntnis seiner Lehren stark angewachsen. Daneben spielte die sogenannte kriminalpolitische Richtung (in Deutschland die kriminalsoziologische Schule Fr. v. Liszts), die u. a. den Begriff der Vorwerfbarkeit nicht beseitigen, sondern nur durch den der Gefährlichkeit ergänzen und daher neben die Strafen Sicherungs- und Besserungsmaßnahmen treten

---

1) Ausführlich darüber Luis Jiménez de Asúa, El Nuevo Código Penal Argentino y los recientes proyectos complementarios ante las modernas direcciones del derecho penal; Madrid 1928 (2. Aufl. Buenos Aires 1943).

2) So Jiménez de Asúa, El Nueve Código, S. 213. Wie er a.a.O. weiter angibt, ist die Formel der Unzurechnungsfähigkeit in Art. 34 Z. 1 nach dem Vorbild des russischen StGB 1903 gefaßt worden.

3) S. die Anm. zum vorigen Abschnitt (III).

lassen, die kurzen Freiheitsstrafen durch Geldstrafen ablösen und die bedingte Verurteilung einführen sowie dem Richter die Befugnis, in gewissen Fällen von einer Bestrafung abzusehen, erteilen wollte, eine recht bedeutende Rolle, mehr noch als durch die Zahl ihrer Anhänger durch vorhandene Vorbilder (ausländische Gesetze und Entwürfe), die sie zu Reformimpulsen und Einflüssen auf Entwürfe befähigten, in welcher Hinsicht sie der positivistischen Schule dank ihrer weniger revolutionären Ideen, die nicht völlig mit dem überkommenen Strafrecht brachen, und dank der erwähnten Vorbilder überlegen war. Sie fand Eingang in Argentinien zunächst jedenfalls weniger durch theoretische Arbeiten (dies in der Hauptsache wohl erst durch das Wirken von Juan P. Ramos, der seit 1916 — von 1922 an als ordentlicher Professor — bis 1946 an der Universität von Buenos Aires tätig war) als vielmehr durch Bekanntwerden ausländischer Entwürfe, die von den Ideen der kriminalpolitischen Schule getragen waren und als Vorbilder bei den Reformarbeiten in Argentinien dienen konnten. Auf Grund ihrer Einflußnahme auf die Reformbestrebungen (Entwürfe und Gesetze) jener Zeit in einer Reihe ausländischer Staaten galt sie vielfach als auf der Höhe des strafrechtlichen Denkens der Zeit befindlich. Der Positivismus trat mit einem praktischen Vorbild größeren Stils erst mit dem Entwurf Ferri 1921 auf den Plan, als die argentinische Strafgesetzreform bereits vor dem Abschluß stand. So ist das StGB 1921 trotz des großen theoretischen Einflusses des Positivismus in Argentinien kein typisches Erzeugnis dieses Positivismus geworden. Jiménez de Asúa[1]) will dies in erster Linie darauf zurückführen, daß die führenden „fortschrittlichen" Strafjuristen nicht zu den Verfassern des StGB gehört (sich vielmehr gegen das StGB ausgesprochen) hätten. — Aber auch das Programm der kriminalpolitischen Schule wurde in weiten Teilen nicht verwirklicht. Der Senat führte dazu in seiner Stellungnahme von 1919 aus: „Die Grundsätze der modernen Kriminalpolitik haben die Verfasser des Entwurfs teilweise inspiriert, als sie gewisse Maßnahmen, die darauf abzielen, das Verbrechen mit größerem Nachdruck zu bekämpfen, übernahmen. Ohne Zweifel hätte man in der Reform weiter gehen können, im Einklang mit den neuen Richtungen im Strafrecht und dem Beispiel einiger Gesetzgebungen folgend; aber man hat geglaubt, daß es nicht klug sei, ein Strafgesetzbuch zu einem Versuchsfeld für Lehren, die durch die soziale Erfahrung noch nicht geweiht sind, zu machen. Tatsächlich würde ein ultramodernes Gesetzbuch alle die erzieherischen, sichernden und bessernden Maßnahmen, die von den beiden Richtungen der Kriminalpolitik, der europäischen und der nordamerikanischen, empfohlen werden, verzeichnen können, wenn es diese Richtungen im Hinblick auf die Behandlung oder den Schutz der Verbrecher und die Verteidigung der ihren Angriffen ausgesetzten Gesellschaft miteinander in Einklang bringen könnte; aber solange dies aus verschiedenen Gründen und Umständen nicht möglich ist, wird man nur ein Minimum der seit einiger Zeit von der wissenschaftlichen Meinung aller Nationen geforderten Reformen in die positive Gesetzgebung aufnehmen dürfen."[2]).

Immerhin ist das Urteil der argentinischen Strafjuristen über die wissenschaftliche Orientierung ihres StGB nicht einheitlich. Während die offenbar überwiegende Meinung zwar in Einzelheiten unmittelbare Ein-

1) a. a. O. S. 178.

2) Zitiert nach L. Jiménez de Asúa, Tratado I 832 (833).

wirkungen der kriminalpolitischen Schule (des Positivismus außer der bereits genannten Wendung in Art. 41 Z. 2 nur solche mittelbarer Art) sieht, aber doch im ganzen die durchgehende charakteristische Gestaltung durch den Positivismus oder die Lehren der kriminalpolitischen Schule vermißt und das StGB daher als „neoklassisch" bezeichnet, halten andere[1]) das argentinische StGB für eines der Gesetzbücher, die den Forderungen der kriminalpolitischen Schule gefolgt sind: Unterscheidung zwischen Zurechnungsfähigen und Unzurechnungsfähigen (Art. 34 Z. 1), Strafen für die ersten, Sicherungsmaßnahmen für die zweiten (Art. 34 Z. 1 II u. III), weitere Sicherungsmaßnahmen für Rückfällige, Gewohnheitsmäßige und die Täter besonders schwerer Verbrechen (Art. 52 u. 80), Gefährlichkeit als Grundlage der Verhängung von Maßnahmen (Art. 34 Z. 1, auch Art. 52 III), als Maßstab für die Strafzumessung (Art. 41 Z. 2) und sogar als Grundlage der Bestrafung überhaupt (Art. 44 IV); ferner bedingte Verurteilung für Ersttäter leichter Verbrechen und besonderes Minderjährigenrecht (Art. 36—38). Jedoch ist immerhin zu beachten, daß jedenfalls das Maßnahmenrecht nicht zu einem eigenen System neben den Strafen ausgestaltet wurde, sondern sich nur auf Einzelfälle verstreut im StGB findet und auch hier erst nachträglich in manchen Punkten ergänzt worden ist (so hat man Art. 52 III u. Art. 53 erst 1944 eingefügt), daß das StGB die kurzen Freiheitsstrafen nicht generell durch Geldstrafen ablöst oder abzulösen gestattet u. a. m. — Im ganzen bleibt das StGB hinter den Forderungen der kriminalpolitischen Schule zurück. —

V. Übersicht über den Inhalt des argentinischen StGB

Das StGB handelt nur von *Verbrechen.* Die Gesetzgebung in *Übertretungssachen* ist den Provinzen, Gemeinden und Territorien vorbehalten (dem Nationalkongreß nur in seiner Eigenschaft als örtlicher Gesetzgeber). So haben z. B. die Bundeshauptstadt ein Gemeindeübertretungsgesetzbuch (Gemeindedekret vom 28. März 1944) und die Provinz Santa Fé ein Übertretungsgesetzbuch, das 1952 in Kraft trat[2]), erlassen.

Der Grundsatz, daß Strafen nur auf Grund eines vor der Tat geltenden Gesetzes verhängt werden dürfen, findet sich nicht im StGB, sondern ist in der Verfassung verankert (Art. 29 der Verfassung vom 11. März 1949 wie schon Art. 18 der Verfassung von 1853).

In den Art. 1 und 2 bestimmt das StGB über seine *örtliche* und seine *zeitliche Geltung.* Die örtliche Geltung richtet sich grundsätzlich nach dem *Territorialitätsprinzip,* das allerdings in der Wendung „... deren Erfolg dort eintritt ..." durch das *Real- oder Schutzprinzip* ergänzt wird. Eine Einschränkung bezüglich des *persönlichen Geltungsbereiches* enthält Art. 214, eine Ausdehnung Art. 1 Z. 2. Nicht völlig klar ist die Bedeutung der Worte *„deren Erfolg dort eintritt".* Während z. B. Gómez[3]) darauf hinweist, das Gesetz beziehe sich in Art. 1 Z. 1 nur auf das Begehen von Verbrechen (delitos cometidos), nicht auf ihre Vollendung (delitos consumados), und daraus ableitet, mit „Erfolg" sei in erster Linie der tatbestands-

---

1) Z. B. Fontán Balestra S. 82/83.

2) Jiménez de Asúa in der »Chronique étrangère« der »Revue de droit penal et de Criminologie«, Brüssel, Juli 1953, S. 962 (= Das Strafrecht Iberoamerikas während der letzten 2 Jahre [1951—1952], ZStW 1954 S. 450 ff., 456); dort auch Einzelangaben über das Gesetz von Santa Fé.

3) Tratado I 190.

mäßige Erfolg gemeint, behauptet Fontán Balestra[1]), die Taten, deren Handlung im Ausland vorgenommen wird, und deren Erfolg im Inland eintritt, seien im Inland begangen und fielen daher auch ohne die fragliche Wendung unter Z. 1 des Art. 1. — Mit „Erfolg“ sind jedenfalls nicht die Folgen (die tatsächlichen Auswirkungen), sondern nur die für den Deliktstypus rechtlich bedeutsamen Wirkungen gemeint. Die gen. Wendung erfaßt daher nicht nur die Verbrechen, deren tatbestandsmäßiger Erfolg in Argentinien eintritt, sondern auch alle (von einem Argentinier oder einem Ausländer) im Ausland begangenen Taten, die das wirtschaftliche oder politische Leben des Staates oder die nationale Verteidigung angreifen (sie brauchen deshalb auch nicht im einzelnen aufgezählt zu werden). Der „Eintritt des Erfolges in Argentinien“ wird auch vielfach mit der Verletzung eines von der argentinischen Rechtsordnung gewährleisteten Interesses gleichgesetzt (entsprechend einer im Vertrag von Montevideo von 1889, der Fragen des internationalen Strafrechts regelte, enthaltenen Wendung). Fraglich ist die Strafbarkeit einer im Ausland vorgenommenen Eheschließung nach (ebenfalls im Ausland erwirkter) Scheidung der früheren Ehe, die nach argentinischem Recht, das eine Scheidung dem Bande nach nicht kennt, ungültig ist (vgl. Art. 134 StGB). Während die Gerichte in dieser Eheschließung vielfach die Verletzung des von der argentinischen Rechtsordnung geschützten Rechtsgutes des Zivilstandes der Personen oder einer für die Gesellschaft grundlegenden Institution, der Einehe, und damit des ordre public sehen und sie somit bestrafen, wird in der Theorie häufig darauf abgestellt, daß die Eheschließung in Argentinien nicht gelte und folglich das in Art. 134 StGB geschützte Rechtsgut des Zivilstandes nicht verletzen könne.

Das *Weltrechtsprinzip* gilt auf Grund internationaler Verträge oder allgemein anerkannter Regeln des Völkerrechts[2]).

Die *strafrechtliche Immunität* der Angehörigen ausländischer diplomatischer Missionen usw. wird nach völkerrechtlichen Grundsätzen anerkannt. Die Verfassung gewährt im Art. 61 den Mitgliedern gesetzgebender Körperschaften Indemnität bezüglich ihrer Äußerungen, die sie bei Erfüllung ihrer Aufgabe machen, nicht aber wegen Straftaten, die mit ihrem Amte nichts zu tun haben.

Die Vorschriften des *allgemeinen Teils* bilden immer das Kampffeld für die strafrechtlichen Theorien. Hier haben die Verfasser des StGB, worauf bereits hingewiesen wurde, der Hauptforderung des strafrechtlichen (naturalistischen) Positivismus, den überkommenen Schuldbegriff aufzugeben und durch den Begriff der sozialen Verantwortlichkeit, die zur Grundlage die Gefährlichkeit des Verbrechers habe (weil die soziale Verteidigung gegen alle, Zurechnungsfähige wie Unzurechnungsfähige, wirken müsse; nur für die Art der Sanktion komme es auf den Zustand der Person des Täters an, nicht für die Verantwortlichkeit als solche), zu ersetzen, nicht nachgegeben. Das Gesetz macht in Art. 34 Z. 1 I die *Zurechnungsfähigkeit* zur Grundlage der strafrechtlichen Verantwortlichkeit und behält damit den überkommenen strafrechtlichen Schuldbegriff bei; daneben aber bestimmt es in einer Reihe von Vorschriften (vgl. Art. 34 Z. 1 II u. III; 36, 37; 52, 53, 80; ferner 41; 44) die *Gefährlichkeit* zum Anknüpfungspunkt strafrechtlicher Folgen.

---

[1]) S. 143.
[2]) Gómez a. a. O. S. 203.

V. Übersicht über den Inhalt

Das Gesetz definiert die *Zurechnungsunfähigkeit* im Abschnitt über die Zurechenbarkeit, die außer durch Zurechnungsunfähigkeit auch durch unverschuldeten Tatirrtum, Notstand, Pflichterfüllung und rechtmäßige Ausübung eines Rechts, Handeln auf Befehl (geschuldeten Gehorsam), Notwehr und Nothilfe (Art. 34), ferner durch jugendliches Alter (Art. 36 I) ausgeschlossen wird. Es geht in Art. 34 von der Annahme aus, daß eine deliktische Handlung fehle, wenn einer der dort genannten Umstände vorhanden sei[1]), so daß sich eine weitere Einteilung (die allerdings in der Theorie gemacht wird) für seine Zwecke erübrigt. — Vgl. auch Art. 35. — Nicht zurechnungsfähig ist, wer infolge mangelnder (gleich, ob der Mangel angeboren oder erworben ist) geistiger Fähigkeiten oder Bewußtlosigkeit das Verbrecherische seiner Handlung nicht einsehen oder sein Verhalten nicht lenken konnte[2]).

Entsprechend der durch die Begriffe *Verantwortlichkeit* (im überkommenen Sinn) und *Gefährlichkeit* angedeuteten Zweispurigkeit kennt das Gesetz *Strafen* und sichernde oder bessernde sowie erzieherische *Maßnahmen*. Jedoch ist diese Zweispurigkeit nicht voll ausgebildet, da es an einem eigentlichen Maßnahmesystem fehlt[3]).

Die *Strafen* des StGB sind Zuchthaus, Gefängnis, Geldstrafe und Aberkennung oder Beschränkung von Rechten und Fähigkeiten (Art. 5). Die Todesstrafe wird allerdings in Art. 11 des Gesetzes Nr. 13.985 vom 11. Oktober 1950 (über die Bestrafung derer, die die Sicherheit der Nation angreifen) auf einige in Kriegszeiten mit großem Schaden für die Nation oder ihre Verbündeten begangene Verbrechen der Spionage und Sabotage zusammen mit lebenslangem Zuchthaus wahlweise angedroht. Ebenso kennt das Militärstrafgesetzbuch die Todesstrafe (bei Verbrechen gegen die Staatssicherheit — Spionage, Revolte, Anschlag auf Vorgesetzte usw. —, in Kriegszeiten auch noch bei einer Reihe anderer Delikte). Bei politischen Straftaten ist sie jedoch durch die Verfassung verboten. Die Haftstrafe hat sich im Übertretungsstrafrecht erhalten. — Die Beschränkung der freiheitsentziehenden Strafen auf 2 wurde von vielen als Fortschritt begrüßt, von den Anhängern des Positivismus aber als Hindernis bei der Individualisierung der Strafe (= Strafbehandlung) getadelt.

Die *unbestimmte Verurteilung* (im voraus, d. h. von Gesetzes wegen nach Art und Maß sowie im Urteil nach der Dauer, nicht bestimmte Strafen), eine der Forderungen des Positivismus, hat das StGB nicht eingeführt, sondern lediglich den Maßnahmen in Art. 34 Z. 1, 36 ff. und 52 eine unbestimmte Dauer gegeben (bei Minderjährigen allerdings relativer

---

1) So faßt auch Gómez, Tratado I 536, diese Umstände auf; er nennt sie Gründe, die das strafrechtliche Unrecht beseitigen.

2) Der unverschuldete Tatirrtum wird in einem Zuge mit den mangelnden geistigen Fähigkeiten und der Bewußtlosigkeit genannt. Es sei darauf hingewiesen, daß er vielfach (u. a. häufig in der italienischen Lehre) als Grund, der die Zurechnungsfähigkeit i. w. S. (Zurechenbarkeit) ausschließt, aufgefaßt wird. In Argentinien hatte man sich nach Jiménez de Asúa (El Nuevo Código, S. 231) mit diesem Problem seinerzeit wenig beschäftigt. — Vgl. auch S. 45 Anm. 1.

3) Die Gefährlichkeit bildet nicht nur die Grundlage der Verhängung von Maßnahmen (z. T. auch bei Jugendlichen), sondern ebenso der Strafzumessung (Art. 41), weswegen sowie wegen Art. 44 IV manche sie sogar als Grundlage auch der Strafe ansehen wollen (z. B. Fontán Balestra S. 176). Die Gefährlichkeit wird damit zur Basis des Strafrechts (zum Rechtsgrund der strafrechtlichen Folgen) überhaupt; die (vorhandene oder fehlende) Zurechnungsfähigkeit gibt dann nur noch an, welche Folgen eintreten sollen. — Dies ist vielleicht kennzeichnend für eine allgemeine Tendenz im argentinischen Strafrecht, wenn auch das StGB nach der überwiegenden Meinung beträchtlich hinter ihr zurückbleibt — siehe die Reformbestrebungen.

Art). Durch die Gesetzesänderung von 1944/1947 mit Einfügung eines neuen Art. 53[1]) ging der Maßnahme gegen Rückfällige und Gewohnheitsmäßige jedoch viel von ihrer Unbestimmtheit verloren.

Die *Zuchthaus-* und die *Gefängnisstrafe,* die lebenslang oder zeitig (Höchstmaß: 25 Jahre; vgl. Anm. 2 zu Art. 55) sein können, werden mit Arbeitszwang verbüßt. Die Art. 6—10 versuchen eine gewisse Differenzierung des Strafvollzugs. Über die Verwendung des Arbeitsertrages vgl. Art. 11 und die Anmerkung dazu. Der Vereinheitlichung des Strafvollzugs im gesamten Lande soll Art. 18 dienen. Für die während der Strafverbüßung geisteskrank werdenden Häftlinge gilt Art. 25.

Die Art. 13—17 sind der *bedingten Entlassung,* die schon in den Entwurf 1891 aufgenommen worden war, gewidmet[2]). Während der Zeit der nur bedingten Freilassung bleibt die umfassende Aberkennung oder Beschränkung von Rechten und Fähigkeiten des Art. 12 bestehen, während die übrigen Beschränkungen (Art. 12 Satz 2 u. 3; interdicción legal de carácter civil), die keinen Rechtsverlust darstellen, sondern nur die Ausübung gewisser Rechte hindern (man spricht auch von tatsächlicher — nicht rechtlicher — Geschäftsunfähigkeit), mit der bedingten Entlassung wegfallen[3]).

Im *Strafvollzug* sind nach dem Gesetz Nr. 11.833 vom 30. September 1933, das jedoch nur für die nationalen Strafanstalten gilt (von den Provinzen aber übernommen werden kann), u. a. der Unterschied zwischen der Zuchthaus- und der Gefängnisstrafe (vom StGB vorgeschrieben, s. Art. 6 und 9) beseitigt und der Stufenvollzug (von der Beobachtungszeit bis zur überwachten Freiheit in 5 Stufen; ohne Festsetzung der Dauer der einzelnen Stufen und der Voraussetzungen zum Eintritt in die nächsthöhere Stufe) vorgeschrieben worden u. a. m.[4]).

Die *Aberkennung oder Beschränkung von Rechten und Fähigkeiten* (Art. 19, 20) faßt das StGB als Strafe auf. Sie kann umfassend (absolut, Art. 19) oder auf einzelne Rechte oder Fähigkeiten beschränkt (besondere Aberkennung, Art. 20) sein. In der ersten Form wird sie bei schweren oder entehrenden Verbrechen allgemeinerer Art angedroht, in der zweiten bei Verbrechen, die mehr den Charakter von Berufsverbrechen tragen (z. B. bei fahrlässiger Tötung oder fahrlässiger Körperverletzung, Art. 84 u. 94, aber auch etwa in den Fällen der Art. 248 ff., 254 II, 260, 266 usw.). Sie ist entweder Haupt- oder Nebenstrafe. Beispiele für die Hauptstrafe in der ersten Form enthalten etwa die Art. 259, 273, 274, für die in der zweiten die Art. 235 II, 260, 264. Generell knüpft das Gesetz die umfassende Aberkennung oder Beschränkung von Rechten und Fähigkeiten als Nebenstrafe an Verurteilungen zu Zuchthaus- oder Gefängnisstrafen von mehr als drei Jahren (Art. 12, Zusatzstrafe genannt; auf sie bezieht sich Art. 16, jedoch nicht auf den Teil der Strafe, den das Gericht nach Art. 12 für

---

[1]) Vgl. S. 49 Anm. 4 u. 6 und S. 50 Anm. 4.

[2]) In Art. 53 wird das Institut der bedingten Entlassung jetzt auch bei der Bekämpfung („Behandlung") der gefährlichen Gewohnheitsverbrecher verwendet.

[3]) Fontán Balestra S. 480 ff. unter Berufung auf die h. M. und die Rechtsprechung.

[4]) S. auch Núñez S. 65 f. — Nach den Angaben bei Aftalión, Planeación de la Política criminal en la Argentina, Anuario de Derecho penal y Ciencias penales, Madrid, 1954 S. 313, herrscht im argentinischen Strafvollzugswesen der letzten Jahre eine ausgesprochen humanisierende Tendenz. Aftalión versichert jedoch, die Einrichtungen der Fürsorge für den Gefangenen und die zu seiner sozialen Umerziehung böten keinen Anreiz zur Verbrechensbegehung, sondern bewirkten das Gegenteil.

weitere 3 Jahre verhängen kann[1])). Sonst wird die (umfassende oder beschränkte) Aberkennung in vielen Strafbestimmungen des besonderen Teils als Nebenstrafe angedroht (ergänzende oder verbundene Strafe — zum Unterschied von der Zusatzstrafe des Art. 12 — genannt, z. B. in Art. 207, 258 II usw.).

Der *Geldstrafe* (Art. 21 u. 22; vgl. auch Anm. 2 zu Art. 55) wollte das StGB gegenüber früher einen größeren Anwendungsbereich geben, um so die kurzzeitigen Freiheitsstrafen zu bekämpfen[2]) (wie die kriminalpolitische Schule forderte). Sehr weit ist es in diesem Bemühen allerdings nicht gegangen. Eine Vorschrift zur Umwandlung kurzer Freiheitsstrafen in Geldstrafen fehlt; es werden nur im besonderen Teil weniger schwerwiegende Taten mit Geldstrafe (allein, selten auch wahlweise neben anderen Strafen) bedroht. Art. 21 III zeigt das Bestreben, die Umwandlung der Geldstrafe in eine Ersatzfreiheitsstrafe möglichst zu vermeiden. — Das Tagesbußensystem (aus dem schwedischen Entwurf von Thyrén von 1916 bei den Vorbereitungen der Reform bekannt) hat das StGB nicht übernommen; statt dessen gibt Art. 21 eine Handhabe für weitgehende Individualisierung der Geldstrafe und läßt dem richterlichen Ermessen insbesondere bei der Vollstreckung der Geldstrafe großen Spielraum (vgl. Art. 21 IV, der Zahlungserleichterungen ermöglicht). Bei der Umwandlung der Geldstrafe in Freiheitsstrafe ist das StGB dem spanischen Vorbild fester Umwandlungsmaßstäbe nicht gefolgt. — Vgl. auch Art. 24

Die *bedingte Verurteilung* (Art. 26—28), einer der Programmpunkte der kriminalpolitischen Schule, die das argentinische StGB übernommen hat, findet sich erstmals im Entwurf 1906 (nach dem Vorgang des Entwurfs Rivarola 1905). Bemerkenswert ist, daß das Gesetz sie (außer bei Freiheitsstrafen bis zu 2 Jahren) auch bei Geldstrafen zuläßt, obwohl hier nicht die Gründe vorliegen können, die ursprünglich als Anlaß für einen bedingten Strafaufschub bei kurzzeitigen Freiheitsstrafen angegeben wurden (kriminelle Ansteckung, Verlust der Furcht vor dem Gefängnis, weder Besserung noch Einschüchterung usw.). — Hat die erstmalige Aburteilung (nur bei dieser kommt die bedingte Verurteilung in Betracht) mehrere Verbrechen zum Gegenstand (Verbrechenskonkurrenz), so ist die bedingte Verurteilung ausgeschlossen, wenn auf Zuchthaus erkannt wird (Art. 26 II). — Für die Frage der Erstverurteilung sind auch die verjährten Verurteilungen in Betracht zu ziehen; ebenfalls hat Art. 27 I hier keine Bedeutung[3]). — Streitig ist, ob bei einer bedingten Verurteilung auch die (in Art. 26 nicht genannte) Aberkennung oder Beschränkung von Rechten und Fähigkeiten aufgeschoben werden kann. In den Fällen der akzessorischen Aberkennung (Art. 12) wird die Frage wegen der Länge der verhängten Strafe nicht praktisch, wohl aber in den Fällen der ergänzenden Aberkennung (s. S. 15 oben). Die Rechtsprechung setzt hier teilweise die Komplementärstrafe mit der Hauptstrafe (Freiheitsstrafe, Geldstrafe) aus.

Der *Strafzumessung* widmet das StGB in den Art. 40 und 41 recht ausführliche Vorschriften. In Art. 41 hat es das frühere System abschließender Aufzählung der die Strafe beeinflussenden Umstände aufgegeben. Ziffer 1 nennt in weiter und allgemeiner Fassung die bei der Strafzumessung in Betracht zu ziehenden objektiven Umstände; Ziffer 2 gibt eine Anzahl

---

1) Fontán Balestra S. 491.
2) Jiménez de Asúa, El Nuevo Código, S. 186.
3) Fontán Balestra, S. 305.

subjektiver Merkmale an, die die größere oder geringere Gefährlichkeit des Täters zeigen können und daher bei der Strafzumessung berücksichtigt werden sollen, ohne jedoch die für die Beurteilung der Gefährlichkeit des Täters wesentlichen Umstände abschließend aufzuzählen. Die Gefährlichkeit des Täters wird damit zur Grundlage der Strafzumessung in subjektiver Hinsicht gemacht. — Der letzte Satz der Ziffer 2 enthält schließlich ein Anweisung an den Richter über die Art und Weise, wie er sich seine Überzeugung bilden (die Beweisaufnahme bezüglich der Beurteilung der Gefährlichkeit des Täters durchführen) soll[1]). — Vor allem Ziffer 2 des Art. 41 hat dem StGB mancherorts[2]) den Ruhm eingebracht, in seinem Strafzumessungssystem fortschrittlich zu sein und neue Wege zu gehen, wobei es dem richterlichen Ermessen weiten Spielraum lasse. Art. 41 Ziff. 2 ist die einzige Stelle, an der eine unmittelbare Beeinflussung durch den italienischen Positivismus nachweisbar ist. Der Entwurf hatte in Art. 41 Ziff. 2 die Umstände, die die „größere oder geringere Verkommenheit" (perversidad) des Verbrechers zeigen, aufgezählt. Der Entwurf Ferri (1921) sprach dann (anstelle der herkömmlichen erschwerenden und mildernden Umstände) von Umständen größerer oder geringerer „Gefährlichkeit". Bei der Senatsberatung wurde daraufhin *perversidad* durch *peligrosidad* (Gefährlichkeit) ersetzt[3]), womit man den jüngsten Fortschritten auf dem Gebiet der Verbrechensbekämpfung zu folgen glaubte.

Für die Bemessung der Geldstrafe gibt Art. 21 I noch eine über Art. 41 hinausgehende Regel.

Die *Untersuchungshaft* wird auf die erkannte Strafe angerechnet. Vgl. dazu Art. 24.

Neben den Strafen kennt das StGB einzelne (heilende, bessernde, erzieherische, sichernde) *Maßnahmen:* gegen die Unzurechnungsfähigen (an Stelle der Strafe, Art. 34 Ziff. 1 II und III; beachte die unterschiedliche Formulierung); gegen Minderjährige (an Stelle der Strafe; fraglich, ob daneben Bestrafung; Art. 36, 37); gegen Gewohnheitsverbrecher (neben der Strafe; Art. 52; daß die Maßnahme sich nicht gegen die Rückfälligkeit als solche, sondern gegen die Gewohnheitsmäßigkeit richtet, wird aus Art. 52 II hergeleitet[4])) und die Täter der schwersten Straftaten (Art. 80). Das Maßnahmerecht baut auf dem Begriff der Gefährlichkeit auf (vgl. Art. 34 Ziff. 1 II und III; Art. 36 III, 37 Ziff. a II; Art. 52 III, 53 I), ausgenommen bei Jugendlichen in Art. 36 II und 37 Ziff. a I, wo nicht allein auf die Persönlichkeit des Minderjährigen (ihre Gefährlichkeit) abgestellt ist (wie in Art. 36 III und 37 Ziff. a II). In einigen Fällen bestimmt das Gesetz, daß es den Täter unter den jeweiligen Voraussetzungen als gefährlich angesehen wissen will, in andern überläßt es dem Richter die Entscheidung über die Gefährlichkeit. Vgl. für die erste Alternative Art. 34 Ziff. 1 III (der sich auf die Bewußtlosigkeit — Zustand tiefgreifender Änderung des Bewußtseins, wie bei Trunkenheit, Mondsüchtigkeit, hypnotischem Schlaf, epileptischen Anfällen, Schlaftrunkenheit usw. — und den

1) Inwieweit diese Vorschrift allerdings in der Praxis befolgt wird, steht dahin. Die Provinzen handhaben im Strafprozeß durchweg kein mündliches, sondern ein schriftliches Verfahren. Reformbestrebungen sollen im Gange sein. (Aftalión, Planeación de la politica criminal en la Argentina, Anuario de derecho penal y ciencias penales, Madrid 1954, S. 314).

2) Z. B. bei Jiménez de Asúa, El Nuevo Código, S. 216.

3) Jiménez de Asúa, El Nuevo Código, S. 184.

4) so Gómez, Tratado I 531.

unverschuldeten Tatirrtum — auf diesen jedenfalls nur infolge schlechter Fassung des Artikels, da es hier an jeder Gefährlichkeit fehlt — bezieht[1]) und Art. 52 (s. aber auch Art. 52 III), für die zweite Alternative Art. 34 Ziff. 1 II (der sich auf die ungenügende Entwicklung oder krankhafte Störung der Geistestätigkeit bezieht), Art. 36 III, 37 Ziff. a II und Art. 80. In den Fällen der zweiten Alternative hat das Gericht die Maßnahmen zu verhängen, wenn es annimmt, die Gefährlichkeit sei vorhanden[2]). Als weitere Sicherungsmaßnahme (eliminierender Art) wird die *Ausweisung von Ausländern* (in Nebengesetzen, insbesondere dem Gesetz Nr. 4144 vom 23. November 1902 geregelt) angegeben.

Für die *Minderjährigen* galt nach dem StGB folgendes: 1. Jugendliche unter 14 Jahren sind nicht strafmündig, können jedoch Schutz- und Besserungsmaßnahmen (Erziehungsmaßnahmen) unterworfen werden: a) Belassen in der eigenen Familie, bei Vormündern oder Schutzpersonen; b) Einweisung in eine Besserungsanstalt unter den in Art. 36 II genannten Voraussetzungen; vgl. näher Art. 36. — 2. Bei Jugendlichen zwischen 14 und 18 Jahren (Art. 37) sind je nach der Schwere der Strafe zwei Fälle zu unterscheiden: a) Übersteigt die Freiheitsstrafe nicht 2 Jahre oder kommt nur eine Geldstrafe in Betracht (wäre also bedingte Verurteilung möglich), so können Schutz- und Erziehungsmaßnahmen ähnlich wie bei Jugendlichen unter 14 Jahren angeordnet werden[3]). Bestritten ist, ob in diesen Fällen α) weder effektiv noch bedingt bestraft, sondern nur auf Besserungsmaßnahmen erkannt werden durfte (so die h. M.) oder β) eine (effektive oder bedingte) Bestrafung erforderlich und das Gericht außerdem befugt war, zusätzlich Besserungsmaßnahmen anzuordnen (so die Cámara del Crimen de la Capital), oder γ) der Richter zwischen bedingter Verurteilung und Besserungsmaßnahmen wählen durfte[4]). — b) Bei höheren Strafen kann die Minderjährigkeit nicht mehr (i. S. der Theorie zu 2 a) α)) strafausschließend (Ersetzung der Strafe durch Maßnahmen) wirken; es kommt nur noch eine Strafmilderung in Betracht (Art. 37 Z. b). — S. auch Art. 38 und 39.

Das am 25. März 1955 in Kraft getretene Gesetz Nr. 14.394, das sich mit der Strafbarkeit Minderjähriger, der Eheschließung und der Ehescheidung sowie der Verschollenheitsvermutung und dem Familiengut befaßt, brachte eine Neuregelung des Minderjährigenstrafrechts (in seinen Art. 1—13). Danach sind Minderjährige unter 16 Jahren nicht strafmündig und die 16- bis 18jährigen nur vermindert strafrechtlich verantwortlich. Für die 18- bis 22jährigen gibt das Gesetz einige Sondervorschriften. Neben den Maßnahmen können nötigenfalls auch Strafen verhängt werden[5]).

Daß es sich bei der Einschließung der *gefährlichen Gewohnheitsverbrecher* (Art. 52) um eine Maßnahme und nicht um eine (Zuchthaus-)Strafe (siehe die Anmerkungen 5 und 8 auf Seite 49) handelt, ist in der Rechtsprechung und überwiegend in der Literatur anerkannt. Sie wird häufig

1) Fontán Balestra S. 520, 521.

2) Fontán Balestra S. 176, 177.

3) Belassen in der eigenen Familie, bei Vormündern oder Schutzpersonen; ehrbaren Dritten anvertrauen; Einweisung in eine Besserungsanstalt; Art. 37 Z. a I und II. — Wegen der Schutzpersonen vgl. Anm. 3 zu Art. 72.

4) Nach Fontán Balestra S. 201, 202.

5) Nach den Angaben bei Jiménez de Asúa, Chronique de Droit Pénal de pays de l'Amérique Espagnole pendant les années 1954—1955, Revue de droit pénal et de criminologie, Brüssel, 1956, S. 924. — Der Text des gen. Gesetzes lag dem Übersetzer nicht vor.

als ausscheidende (eliminierende) Maßnahme bezeichnet. — Die Gewohnheitsmäßigkeit ergibt sich für das Gesetz aus rein objektiven Merkmalen, nämlich der Art und Anzahl der früheren Verurteilungen (Art. 52 I) oder der Art und Anzahl der abzuurteilenden Taten bei Zusammentreffen mehrerer Verbrechen (Art. 52 II). Die Gefährlichkeit folgt aus der Gewohnheitsmäßigkeit. Nur in den Fällen des Art. 52 III (der erst durch die in Anm. 6 zu Art. 52 genannte Reform eingefügt wurde) ist der Richter zu einer eigenen Beurteilung der Gefährlichkeit des Verbrechers befugt und verpflichtet. — Die Maßnahme der Einschließung tritt nicht etwa an die Stelle der Verurteilung, sondern es wird zusätzlich zu der dem Verbrecher wegen der abzuurteilenden Tat(en) zukommenden Bestrafung auf Einschließung von unbestimmter Dauer erkannt. Der Verurteilte gelangt dann nach Verbüßung der Strafe in die Sicherungsverwahrung. Vor der erwähnten Gesetzesänderung (Anm. 6 zu Art. 52) war in Art. 52 Einschließung im Süden vorgeschrieben; jetzt kann die Maßnahme auch an einem andern Ort vollzogen werden. — Weil es sich bei der Einschließung um eine Sicherungsmaßnahme und nicht um eine Strafe handelt, gilt nach der Rechtsprechung Art. 51 II nicht im Rahmen des Art. 52 (auch die Verurteilungen vor dem 18. Lebensjahr werden in Betracht gezogen). Ebenso ist die Rückfallverjährung (Art. 50 IV) im Rahmen des Art. 52 ohne Bedeutung[1]). Aus ähnlichen Gründen zieht die Rechtsprechung für die Anwendung des Art. 52 nur Vorsatzdelikte in Betracht[2]).

Ursprünglich enthielt das StGB keine Vorschriften über die Beendigung der Einschließung von unbestimmter Dauer (es hatte wohl der Richter a posteriori das Ende der Maßnahmen zu bestimmen). Die Reform von 1944 hat dann, entsprechenden Vorschlägen folgend, in Art. 53 die bedingte Entlassung eingeführt (die Freilassung unter der Bedingung des Nachweises, daß die Gefährlichkeit geschwunden sei) und bestimmte Fristen und Bedingungen für sie sowie für die endgültige Erlangung der Freiheit festgesetzt. Die 10- bzw. 5-Jahres-Frist, die Art. 53 I für die bedingte Entlassung angibt, beginnt erst nach verbüßter Hauptstrafe zu laufen[3]). — Die endgültige Freilassung ist nach 5 Jahren der überwachten Freiheit möglich.

Die Sicherungsmaßnahme des Art. 52 kann auch bei den Fällen der *erschwerten Tötung* des Art. 80 verhängt werden (Erschwerung der lebenslangen Strafe durch eine Sicherungsmaßnahme von unbestimmter Dauer). Nach Carlos Malagarriga[4]) handelt es sich hierbei um eine Überstrafe (superpena), die die Todesstrafe ersetzt hat.

Grundlage der Verhängung der Sicherungsmaßnahme des Art. 52 ist in erster Linie die *Rückfälligkeit* (Art. 52 I). Das StGB hat (wie die Entwürfe) die herkömmliche Bewertung des Rückfalls als eines lediglich strafschärfenden Umstandes aufgegeben und die Rückfälligkeit zu einem Aus-

[1]) Gómez, Tratado I 531.

[2]) Fontán Balestra S. 184.

[3]) Fontán Balestra S. 186. — Nach seiner Angabe hat das Gesetz den zu lebenslänglicher Freiheitsstrafe und zusätzlicher Einschließung von unbestimmter Dauer (Art. 80) Verurteilten vergessen. Bei lebenslanger Freiheitsstrafe könne zwar grundsätzlich nach 20 Jahren die bedingte Freilassung erlangt werden, nicht aber im vorliegenden Falle (wegen der unbestimmten Einschließung des Art. 52); und da die lebenslangen Strafen kein Strafende hätten, könnten auch die in Art. 53 für die Gewährung der bedingten Freilassung vorgesehenen Fristen nicht zu laufen beginnen (S. 186/187).

[4]) Código Penal Argentino, Bd. I, S. 365.

gangspunkt der Sonderregelung für gefährliche Gewohnheitsverbrecher gemacht. In dieser Beziehung sind bereits die Art. 17, 14 und 26 von Interesse.

Der erste Rückfall (Art. 50) ist nur erschwerender Umstand, der die Strafe innerhalb des Strafrahmens erhöht (vgl. Art. 41 Z. 2). Der zweite Rückfall erschwert die Strafverbüßung (Art. 51; s. auch Anm. 5 dazu), während schließlich der mehrfache Rückfall unter den in Art. 52 I genannten Umständen Anlaß zur Verhängung der Sicherungsmaßnahme wird.

Voraussetzung für die Rückfälligkeit nach Art. 50 (Entsprechendes gilt für Art. 51) ist — neben der erneuten Deliktsbegehung — lediglich eine frühere Verurteilung zu einer Freiheitsstrafe. Die (frühere) Strafe braucht, mit Ausnahme der Fälle des Art. 50 II (hier genügt aber schon teilweise Verbüßung), nicht verbüßt zu sein[1]). Auch für die zweite Verurteilung wird eine Freiheitsstrafe gefordert[2]). Die Verurteilung zu Geldstrafe oder zur Aberkennung oder Beschränkung von Rechten und Fähigkeiten wirkt nicht rückfallbegründend, wohl aber nach der Rechtsprechung (unter Widerspruch in der Literatur) die zu Freiheitsstrafe wegen einer nur fahrlässigen Tat[3]). — Art. 51 droht keine Sicherungsmaßnahme an, sondern sagt nur etwas über die Art der Strafverbüßung[4]).

In diesem Zusammenhang sei noch darauf hingewiesen, daß 1933 durch Gesetz Nr. 11.752 ein nationales *Strafregister* (Registro Nacional de Reincidencia) geschaffen wurde, dem jede Verurteilung nebst einer Reihe von Daten über den Verurteilten (u. a. der Fingerabdrücke) mitgeteilt werden muß.

Weitere Straffolgen sind der *Verfall* (Art. 23), der *Entzug der väterlichen Gewalt, der Vermögensverwaltung und des Vermögensverfügungsrechts* sowie die *Stellung unter Pflegschaft* (Art. 12 Satz 2 und 3). Der Verfall wird von Gómez[5]) nicht als Strafe, sondern als Maßnahme (Vorsichtsmaßnahme, auch wegen der Untersuchung usw.) bezeichnet. Auch der Entzug der privaten Rechte in Art. 12 Satz 2 (interdicción civil) stellt keine Strafe, sondern eine notwendige Nebenfolge, die nur Schutzzwecken (keinen repressiven Zwecken) dient (denn es tritt ein Zustand „tatsächlicher Geschäftsunfähigkeit" ein), dar[6]) (deshalb endet er bei der bedingten Entlassung, nicht erst nach Ablauf der Bewährungszeit). Die Unterstellung unter Pflegschaft ist nur die Folge des Entzugs der gen. Rechte. — Das Recht zur Ausübung der väterlichen Gewalt geht nach Art. 305 ZGB auf die Frau (Mutter der Kinder) über; fehlt sie, so wird gem. Art. 480 ZGB der Pfleger, auf den sich Art. 12 S. 3 bezieht, zum Vormund.

Die *zivilrechtliche Verantwortlichkeit (Wiedergutmachung des Schadens)* hat das StGB eingehend geregelt (im Gegensatz zum StGB 1886, aber im Einklang mit anderen lateinischen Rechten und den Entwürfen). Schadenersatzpflichtig sind alle für das Verbrechen Verantwortlichen (wozu offenbar auch der Hehler gehört, vgl. die übernächste Anm.), und zwar gesamtschuldnerisch (Art. 31), andere Personen nur bis zur Höhe ihrer

[1]) Fontán Balestra S. 183.
[2]) Fontán Balestra, Manual I 165; Malagarriga, Código Penal Argentino I (1927) S. 348.
[3]) Fontán Balestra S. 184.
[4]) Fontán Balestra S. 187.
[5]) Tratado I 603.
[6]) Gómez, Tratado I 592/593.

Teilhabe (sofern diese auf einem vorteilbringenden Rechtsgrund[1]) beruht) an den durch das Verbrechen erlangten Sachen (Art. 32)[2]). Ersatzberechtigt ist jeder durch das Verbrechen Geschädigte (Art. 29 Ziff. 1). Art und Umfang des ersatzfähigen Schadens und der Ersatzleistung bestimmt Art. 29 in Ziff. 1—3 (beachte aber Art. 32). Einzelheiten über die Rangfolge der Ersatzpflicht, die Zahlungsweise und die Beitreibung enthalten die Art. 30, 29 Ziff. 4 (Abführung eines Teils des Lohnes bei bedingt Entlassenen), 33 (Ziff. 1: Abführung eines Teils des Ertrags der Gefängnisarbeit; Ziff. 2: Abführung eines Teils der Einkünfte) und 70.

Es ist nicht vorgeschrieben, daß das Strafurteil eine Anordnung über die Wiedergutmachung zu enthalten habe (Art. 29). Ob die zivilrechtliche Schadenersatzforderung im Strafprozeß geltend gemacht werden kann, hängt vom jeweiligen Prozeßrecht (Angelegenheit der Provinzen) ab.

Neben den bisher behandelten Fragen, in denen sich vor allem die kriminalpolitische Haltung des StGB abzeichnet, treten die Fragen mehr dogmatischen Interesses etwas in den Hintergrund[3]). Es sei nur auf einige kurz eingegangen.

Über die *Tatbestandsmäßigkeit* findet sich im StGB nichts. Sie hat auch als systematische Frage im argentinischen Strafrecht nur geringe Bedeutung. Wo sie in der Literatur behandelt wird, geschieht dies meist im Anschluß an ausländische Vorbilder. Eigentliche Tatbestandsprobleme spielen kaum eine Rolle.

Die Theorie bemüht sich, die in Art. 34 neben der Zurechnungsunfähigkeit als die Strafbarkeit ausschließend genannten Umstände nach Rechtfertigungs- und Schuldausschließungsgründen aufzuteilen. Sie werden aber auch zusammenfassend als *Gründe, die das strafrechtliche Unrecht beseitigen,* bezeichnet: Sobald sie vorliegen, fehle es an einer deliktischen Handlung[4]).

Als *Unrechtsausschließungsgründe* gelten die in Art. 34 Ziff. 3, 4, 6 und 7 genannnten Umstände. Dazu kommen nicht im Gesetz genannte Rechtfertigungsgründe (deren Existenz die Literatur bejaht): so die Einwilligung

---

[1]) título lucrativo: zivilrechtlich eigentlich der Rechtsgrund, auf Grund dessen man unentgeltlich erwirbt (Gegensatz: título oneroso); so auch eine verbreitete Auslegung, während aber z. B. Antón Oneca (Derecho Penal, Bd. I 1949, S. 618) für das spanische Recht auch den Erwerb zu niedrigem Preise hierher zählt und Mallo I 195 für das argentinische Recht ganz allgemein vom Kauf spricht. — Die Grundlage der Vorschrift sieht man in dem Satz „nemo cum alterius damno fieri locupletior".

[2]) Rückforderung der ungerechtfertigten Bereicherung. S. Anm. 5 auf S. 44. Nach Gómez, Tratado I 662, bezieht sich Art. 32 selbstverständlich nicht auf solche Personen, die wissentlich in einer Weise erworben haben, die sie zu Hehlern macht — wohl weil der Hehler unter Art. 31 fällt (a. A. Mallo I 195/196, der auf ihn Art. 32 anwenden will). — Die Vorschrift ist fast wörtlich aus Art. 128 des span. StGB 1870 (heute Art. 108) übernommen worden (über den E Tejedor und den E 1906). Nach dem span. StGB zählt die Hehlerei zur Teilnahme, und der Hehler ist ausdrücklich nach dem Täter und dem Gehilfen unter den Ersatzpflichtigen genannt (Art. 107).

[3]) Jedenfalls nach dem Gesetz. Für die Theorie gilt dies allerdings großenteils nicht. Trotz der Vorherrschaft des Positivismus und der beständigen Kritik seiner Vertreter am StGB hat sich eine Dogmatik, selbst unter Beteiligung führender Positivisten (Gómez, Peco u. a.) herausgebildet. In erster Linie sind hier Gómez (bis 1946 Professor in Buenos Aires, Positivist, gestorben am 27. Juli 1954) und Soler (bis 1946 Professor in Córdoba, „Klassiker") mit ihren großen Lehrbüchern (s. Abkürzungsverzeichnis) zu nennen. Soler war von der deutschen Dogmatik beeinflußt. Schon vorher (s. o. unter IV) hatte Ramos das Interesse für deutsche Lehren zu wecken gesucht und von 1916 an an der Universität von Buenos Aires gegenüber dem bis dahin dort herrschenden italienischen Positivismus nach der sog. kriminalpolitischen Richtung hin orientierte deutsche und Schweizer Doktrinen vertreten (nach Jiménez de Asúa, Tratado I 886, 892). In Soler erreichte dann der Einfluß deutscher Lehren wohl einen Höhepunkt (Jiménez de Asúa, Tratado I, 892).

[4]) So Gómez, Tratado I 536.

des Verletzten, sofern dieser dispositionsbefugt ist; ferner Handeln in der Verwirklichung eines vom Staat anerkannten Zieles[1]) und (wenigstens bei manchen Schriftstellern; bestritten) Nichtzumutbarkeit anderen Verhaltens[2]). — Ebenfalls bestritten ist die Einordnung des Handelns auf Befehl (Art. 34 Z. 5). Núñez z. B. sieht in ihm einen Rechtfertigungsgrund[3]), während wahrscheinlich überwiegend nur ein Schuldausschließungsgrund angenommen wird[4]). — Wegen der Überschreitung der Grenzen rechtmäßigen Handelns vgl. Art. 35.

Den *Vorsatz* definiert das StGB nicht; es findet sich auch keine Vorschrift, die auf einen bestimmten Vorsatzbegriff Bezug nimmt. Die Auffassung vom Vorsatz ist (wobei eine Rolle spielen mag, daß es an einer eigentlichen Tatbestandslehre fehlt; auch etwa ein „wertfreier" Tatbestand wird nicht gedacht) nicht durch eine analysierende Betrachtungsweise gekennzeichnet. Es wird das Verbrechen als solches (in seiner Gesamtheit) ins Auge gefaßt, wodurch der Vorsatz sich wesentlich durch seine Richtung auf das Verbrecherische der Handlungsweise bestimmt. Das Verbrecherische der Handlungsweise aber ist in der Verbrechensbeschreibung des Gesetzes angegeben und in der Hauptsache durch das Hervorrufen des verbrecherischen Erfolges, zu dessen Verhinderung das Gesetz eine Handlung mit Strafe bedroht, charakterisiert. Unter diesem Blickpunkt wird das Vorsatzproblem im allgemeinen gesehen. Der Vorsatz ist daher immer als verbrecherischer Vorsatz gemeint, dessen Inhalt nicht in einer Beziehung des handelnden Subjekts zu einer wie auch immer aufgefaßten Tatbestandsverwirklichung, sondern wesentlich in der Beziehung zum Deliktischen des vom Subjekt herbeigeführten Geschehens liegt[5]), für das der den Deliktstypus bestimmende (verbotene) Erfolg konstitutiv ist. Deshalb auch konnte Art. 34 Z. 1 einem großen Teil der Theorie als Anknüpfungspunkt für eine Vorsatzdefinition dienen. Danach handelt vorsätzlich, wer im Zeitpunkt der Handlung das Verbrecherische der Tat[6]) begriffen und sein Verhalten geleitet hat[7]). Soler ersetzt das „und" in dieser Definition durch „oder" (vorsätzlich handelt demnach, wer das Bewußtsein vom Verbrecherischen der Tat hat *oder* seine Handlung leitet:

---

[1]) Fontán Balestra S. 264. Z. B. wird die Sportverletzung in der Rechtsprechung durch den übergesetzlichen Rechtfertigungsgrund der Gewährleistung des vom Staat verfolgten Zieles der Verbesserung der Gesundheit und der Stärkung des Volkstums gerechtfertigt, aber unter der Voraussetzung, daß die Spielregeln eingehalten worden sind (Jiménez de Asúa in der „Chronique Etrangère" der „Revue de droit pénal et de criminologie", Brüssel, Juli 1953, S. 965).

[2]) So Fontán Balestra S. 268, 269: Diese Nichtzumutbarkeit sei wesentliches Merkmal aller Unrechtsausschließungsgründe. — Nach ihm ist auch z. B. die Rechtfertigung der beim ärztlichen Eingriff verursachten Verletzung oder Tötung im argentinischen Strafrecht kein Problem, da der Eingriff durch die (in Art. 34 Z. 4) ausdrücklich gestattete rechtmäßige Ausübung eines Rechts gedeckt sei. Diese Argumentation wendet er — mit der bereits genannten — auch bei den Sportverletzungen an (S. 264).

[3]) Sofern der Untergebene den Befehl nicht prüfen durfte; bei Prüfungsbefugnis und Irrtum: Schuldausschließungsgrund (S. 24).

[4]) Z. B. Fontán Balestra S. 328 ff.

[5]) Daß die — vergleichsweise — geringe Ausbildung der Tatbestandssystematik damit Hand in Hand geht, dürfte einleuchtend sein. Die strenge Zergliederung in Tatbestandsmäßigkeit und Rechtswidrigkeit und des Tatbestandes in Einzelbestandteile fehlt (obwohl diese Begriffe natürlich bekannt sind und Rechtswidrigkeitsprobleme — vor allem als Rechtfertigungsprobleme — ausgiebig behandelt werden), wodurch das Vorsatzproblem unter den gen. Blickpunkt gerückt wird.

[6]) „Tat" ist hier nicht der Akt des Handelns (= Tun), sondern das „Gehandelte".

[7]) Fontán Balestra S. 298 im Anschluß an Ramos (Los delitos contra el honor, 1939, S. 111), der wohl als erster die Vorsatzdefinition aus Art. 34 Z. 1 herleitete. Ähnlich auch Jiménez de Asúa, Tratado V 376, 422).

Es genügt, daß die Tat bewußt vorgenommen *oder* gelenkt worden ist[1])), und sein Schüler Núñez erläutert, der Täter handle vorsätzlich, wenn er bei der Handlung die Absicht hatte, das Verbrechen zu begehen, oder doch seiner Verwirklichung innerlich zustimmte[2]). — Aber auch dort, wo die Vorsatzdefinition nicht aus Art. 34 Z. 1 hergeleitet wird, fällt sie kaum anders aus: Vorsatz ist dann im wesentlichen immer das Vorhaben, eine verbrecherische Handlung auszuführen[3]). Die Einsicht in das Verbrecherische der Tat folgt aus der Kenntnis der (konstitutiven) Verbrechensmerkmale, vor allem also des verbrecherischen Erfolges[4]).

Mit Hilfe der genannten Vorsatzdefinition wird auch das *Irrtumsproblem* gelöst: Der Irrtum beseitigt den Vorsatz nur, wenn er wesentlich ist, d. h. die Kenntnis des Verbrecherischen der Handlung beseitigt. Daher ist z. B. der error in persona unbeachtlich, beachtlich aber der Irrtum über einen Tatumstand i. S. des § 59 des deutschen StGB. Ein *Bewußtsein der Rechtswidrigkeit* wird für den Vorsatz überwiegend nicht verlangt, ein eigentliches Unrechtsbewußtsein neben dem Vorsatz vielfach auch gar nicht gedacht: Es ist von der Kenntnis des Verbrecherischen der Handlung meist nicht als selbständiges Element geschieden. Wo sich daher das Bewußtsein der Rechtswidrigkeit erwähnt findet, wird es häufig als Gesetzeskenntnis verstanden, die überflüssig sei[5]). Entgegen der h. M. verteidigt jedoch Soler den Standpunkt, daß das zum Vorsatz erforderliche Bewußtsein des Verbrecherischen der Tat ein Bewußtsein des Unerlaubten der Handlung sei (nicht aber Kenntnis der Strafbarkeit)[6]). Ähnlich halten ein Bewußtsein der Rechtswidrigkeit für erforderlich Jiménez de Asúa[7]) und Fontán Balestra[8]) [9]).

---

1) Intellektuelle und voluntative Vorsatzkonstruktion stehen gleichwertig nebeneinander.

2) S. 25.

3) Nach dem Entwurf Tejedor z. B. handelte vorsätzlich, wer „sich die Verwirklichung des aus seiner Handlung als vorgehabten Zweck derselben herrührenden Verbrechens, wissend, daß der gefaßte Entschluß unrecht und strafbar ist, vornimmt." — Gómez definierte im Entwurf 1937 (ebenso in seinem Tratado I 439): „Das Verbrechen ist vorsätzlich, wenn das Ergebnis der Handlung oder Unterlassung, welches das Verbrechen darstellt, der Absicht, die bei seiner Ausführung vorhanden war, entspricht." — In Art. 7 I des Entwurfs Peco (1941) heißt es: „Ein Verbrechen ist vorsätzlich, wenn der Täter eine tatbestandsmäßig rechtswidrige Tat mit Bewußtsein, willentlich und mit der Vorstellung des gewollten oder gebilligten Erfolges ausführt." — Und nach Fontán Balestra handelt ganz allgemein vorsätzlich, wer sich im Augenblick der Handlung einen verbrecherischen Erfolg als sicher oder möglich eintretend vorstellt, den er, in erster oder letzter Hinsicht, will oder billigt (S. 294/295).

4) S. dazu auch unten beim Bewußtsein der Rechtswidrigkeit.

5) So Gómez, Tratado I 437.

6) II 69.

7) Tratado V 422, 469 ff.

8) S. 296. Nach ihm besteht das Bewußtsein der Rechtswidrigkeit in der Kenntnis der verbrecherischen Natur der Tat, die verwirklicht wird, wozu lediglich Kenntnis der Tatsachen sowie die ihrer rechtlichen Bedeutung — jedoch nur in einer laienhaften Art (hierin Jiménez de Asúa folgend, der insoweit von deutschen Lehren beeinflußt ist) — erforderlich sei (S. 297). Bewußtsein der Rechtswidrigkeit und die mit Kenntnis der deliktskonstitutiven Merkmale gegebene Kenntnis des Verbrecherischen der Handlung werden also im Grunde nicht geschieden.

9) Die Rechtsprechung spricht mitunter vom erforderlichen Bewußtsein, daß gegen eine Pflicht gehandelt werde oder wendet die Formel, der Vorsatz bestehe im Bewußtsein des Verbrecherischen der Tat bzw. sei Bewußtsein der Ausführung der Handlung, an. — Die Cámara de lo Criminal y Correccional de la Capital verlangt z. B. für Verleumdung das Wissen, daß man ein Verbrechen niemandem, der es nicht begangen hat, nachsagen darf; der Zeuge, der Umstände verschweigt, müsse seine Rechtspflicht kennen, sie mitzuteilen (Angaben nach den bei Jiménez de Asúa, Tratado V 469, 473, aufgeführten Urteilen).

V. Übersicht über den Inhalt

Die h. L. stützt ihre Meinung, daß das Bewußtsein der Rechtswidrigkeit nicht zum Vorsatz gehöre, großenteils auf Art. 34 Z. 1 (wo nur vom Tatirrtum die Rede ist). Aus dieser Vorschrift wird auch abgeleitet, daß der Rechtsirrtum (den man häufig nicht vom Problem des Bewußtseins der Rechtswidrigkeit unterschieden findet) im argentinischen Strafrecht keine Bedeutung habe, also nicht entschuldige[1]). Dagegen Jiménez de Asúa[2]). — Soweit es sich um den Irrtum über Rechtsbegriffe, die zur Tatbestandsbeschreibung verwendet werden, handelt, wird man vielleicht sagen können, daß das Bestreben dahin geht, als vorsatzausschließend nicht den Irrtum über eine rechtliche Vorschrift oder den Rechtsbegriff als solchen, sondern nur über ihren als Merkmal des gesetzlichen Tatbestandes aufzufassender Inhalt (tatsächlicher oder rechtlicher Art) anzusehen[3]).

Es werden verschiedene *Arten des Vorsatzes* unterschieden: dolus directus und dolus indirectus oder eventualis, dolus determinatus und dolus indeterminatus. Vor allem bei der Abgrenzung des dolus eventualis zur Fahrlässigkeit und zum schuldlosen Verhalten (Zufall) treten eine Reihe von Einzelproblemen auf. — Eine gewisse Bedeutung hat auch die Unterscheidung zwischen generischem und spezifischem Vorsatz, weil der zweite für manche Delikte erforderlich ist oder die Verbrechensbegehung qualifiziert oder privilegiert. Man spricht von generischem Vorsatz, wenn der vorgestellte und gewollte Erfolg mit dem Ergebnis der Handlung (dem schädigenden Ereignis) übereinstimmt (das Vorhaben also nicht über die Tatbestandserfüllung als solche hinausgeht), von spezifischem Vorsatz hingegen, wenn eine weitergehende Absicht, die mit der Tat verfolgt wird, hinzutritt: vgl. z. B. Art. 130, 138, 170 (ohne die Absicht Art. 141), 107 S. 2 (ohne die Absicht Art. 106).

Zu den Vorsatzverbrechen gehört auch das sog. *präterintentionelle Delikt:* Der Täter nimmt sich einen bestimmten Erfolg vor, es tritt aber ein anderer, weitergehender ein, der weder vorhergesehen noch gewollt war (erfolgsqualifiziertes Delikt). Das einzige Beispiel dieser Art im argentinischen StGB steht in Art. 81 Z. 1 lit. b. Der Deliktstypus wird durch den weitergehenden Erfolg bestimmt. Es muß aber dieser Erfolg ein Interesse oder Gut verletzen, dessen Natur nicht von der des anderen, das angegriffen werden sollte, verschieden ist. Wenn z. B. aus der beabsichtigten Sachbeschädigung eine Personenverletzung wird, so kommt höchstens eine fahrlässige Körperverletzung in Betracht. Das StGB hat die Präterintentionalität nur beim Totschlag aufgenommen (Art. 81 Z. 1 lit. b). Sie wirkt hier als Milderungsgrund; die Tat wird als vorsätzliche Tötung angesehen (denn sie entspricht der verfolgten Absicht, einen Schaden zu

---

1) So Fontán Balestra, Manual I 270 ff.; ähnlich wohl Núñez S. 25. — José Peco schlug in seinem Entwurf (1941) folgende Irrtumsvorschrift vor (Art. 9):

Bei einem wesentlichen Rechtsirrtum kann der Richter die Sanktion frei mildern oder auch die Verantwortlichkeit ausschließen, wenn der Täter begründeten Anlaß hatte, an die Erlaubtheit der Tat zu glauben.

Beim Tatirrtum über ein wesentliches Merkmal eines bestimmten Verbrechens hat der Richter die irrige Abschätzung für den Ausschluß der Verantwortlichkeit in Betracht zu ziehen.

Wenn der Rechts- oder der Tatirrtum durch Fahrlässigkeit bedingt ist, wird die auf das fahrlässige Verbrechen angedrohte Sanktion verhängt.

2) Tratado V 422.

3) Vgl. Núñez S. 25. — Fontán Balestra trennt (Manual I 271/272) zwischen strafrechtlichem und außerstrafrechtlichem Rechtsirrtum, hält aber auch den letzten wegen Art. 34 Z. 1 nach dem Gesetz nicht für vorsatzausschließend, will jedoch unter Berufung auf Soler bei wirklichem (?) Rechtsirrtum dieser Art annehmen, daß nicht alle objektiven und subjektiven Erfordernisse (?) des Tatbestandes erfüllt seien.

verursachen), aber milder bestraft. In der Theorie nimmt man (im Einklang mit Art. 81 Z. 1 lit. b) an, daß beim präterintentionellen Delikt der das Vorhaben übersteigende Erfolg nicht voraussehbar gewesen sein darf (war er voraussehbar, so entfällt die Privilegierung durch die Präterintentionalität, es wird z. B. wegen voller vorsätzlicher Tötung bestraft; vgl. Art. 81 Z. 1 lit. b)[1]).

Wie eine allgemeine Begriffsbestimmung des Vorsatzes, so fehlt auch eine solche der *Fahrlässigkeit.* Das Gesetz beschreibt aber im besonderen Teil einzelne Fälle dieser Schuldform (vgl. Anm. 2 zu Art. 35 und Anm. 2 auf S. 57), die dementsprechend oft durch Aufzählung ihrer einzelnen Fälle definiert wird[2]). — Die Unterscheidung zwischen bewußter und unbewußter Fahrlässigkeit scheint man nicht allgemein zu machen[3]). — Bezüglich der Voraussehbarkeit stellt Gómez[4]) nicht auf das einzelne Individuum, sondern auf den normalen Menschen ab. — Die im Nichtbeachten von Vorschriften oder Pflichten liegende Unterlassung wird als eine Form der Nachlässigkeit angesehen; sie stellt für sich allein schon die Fahrlässigkeit dar (objektives Fahrlässigkeitsurteil)[5]). — Vgl. im einzelnen S. 57 Anm. 2.

Entschuldigungsgründe sind der unverschuldete Tatirrtum in Art. 34 Ziff. 1 (vgl. Anm. 1 auf S. 45; dazu gehört auch der Irrtum über die — tatsächlichen — Voraussetzungen eines Rechtfertigungsgrundes), der Notstand (Zwang) des Art. 34 Ziff. 2 und (bestr.; s. o. bei den Rechtfertigungsgründen) das Handeln auf Befehl (Art. 34 Ziff. 5)[6]).

Wegen der Überschreitung der Grenzen eines Entschuldigungsgrundes vgl. Art. 35.

Persönliche *Strafausschließungsgründe* kommen im Gesetz mehrfach vor, z. B. in Art. 185; 278, 279; 217[7]).

Von der *Versuchsbestrafung* handeln die Art. 42—44. Siehe dort und die Anmerkungen dazu.

---

[1]) Angaben nach Gómez, Tratado S. 443 ff. — Im Entwurf 1937 sollte die Präterintentionalität nicht auf Totschlag beschränkt bleiben. Coll-Gómez definierten: „Ein Verbrechen ist präterintentional, in den vom Gesetz besonders bestimmten Fällen, wenn der Erfolg die bei der Ausführung des Verbrechens vorhandene Absicht übersteigt, sofern das angewendete Mittel ihn vernünftigerweise nicht herbeiführen durfte." — Vgl. auch Art. 8 des Entwurfs 1941 von J. Peco (der den Ausdruck „Präterintentionalität" vermeidet und von „erfolgsqualifiziertem Verbrechen" spricht): „Bei dem durch den Erfolg qualifizierten Verbrechen ist die für den Erfolg angedrohte Sanktion zu verhängen, wenn der Täter ihn vorhersehen konnte."

[2]) Z. B. von Gómez entsprechend dem Entwurf 1937: „Ein Verbrechen ist fahrlässig, in den vom Gesetz besonders bestimmten Fällen, wenn der Erfolg durch Unvorsichtigkeit, Nachlässigkeit, Unerfahrenheit oder Nichtbeachten von Gesetzen, Verordnungen, Anordnungen, Pflichten oder Regeln entsteht." — Art. 7 II des Entwurfs Peco (1941) enthält eine ähnliche Bestimmung. — Ähnlich auch Núñez S. 25.

[3]) Gómez z. B. leugnet, daß es eine bewußte Fahrlässigkeit gebe; er zählt diese Fälle zu den Vorsatztaten (Tratado I 452); anders dagegen z. B. Fontán Balestra S. 305.

[4]) Tratado I 451.

[5]) Das Gesetz habe hier bestimmt, daß unter den gen. Voraussetzungen Fahrlässigkeit des Täters als gegeben hinzunehmen sei (Fontán Balestra S. 312).

[6]) Zum Handeln auf Befehl gilt folgendes: a) durfte der Untergebene den Befehl, der rechtswidrig war, prüfen, so ist er — außer bei Zwang — verantwortlich; b) hat er diesen Befehl zu prüfen unterlassen, so hat er fahrlässig gehandelt; c) fehlte die Prüfungsbefugnis oder hatte der Untergebene die Rechtswidrigkeit nicht erkennen können, dann fehlt die Verantwortlichkeit oder der Täter befand sich in unverschuldetem Irrtum (Fontán Balestra S. 329). — Gómez, Tratado I 549: einem gesetzwidrigen Befehl gegenüber sei niemand zum Gehorsam verpflichtet.

[7]) Der letzte wird von Jiménez de Asúa, El Nuevo Código, S. 222, als Untergrabung der Treue und Belohnung des Verrats schwer getadelt.

V. Übersicht über den Inhalt

Hinsichtlich der *Teilnahme* ist wichtig zu bemerken, daß das StGB (wie schon der Entwurf 1906) die Hehlerei nicht mehr als Form der Teilnahme auffaßt, sondern ihr einen besonderen Tatbestand (im Abschnitt über die Straftaten gegen die öffentliche Verwaltung, Art. 277) widmet. Vgl. im übrigen die Art. 45—49 und die Anmerkungen dazu.

Vorschriften über die *Verbrechenskonkurrenz* finden sich in den Art. 54 bis 58. Das StGB unterscheidet Handlungseinheit (Art. 54) und Handlungsmehrheit (Art. 55, 56). Das Unterscheidungsmerkmal liegt nach dem Gesetz in der Selbständigkeit der Handlung. — Von der Gesamtstrafenbildung spricht Art. 58 (dessen Absatz 2 auf das eingangs erwähnte Nebeneinander verschiedener Gerichtsbarkeiten Bezug nimmt). — Das Gesetz enthält keine Regeln über die Gesetzeskonkurrenz; wohl aber haben sich solche in Lehre und Rechtsprechung herausgebildet.

Der Abschnitt über das „Erheben der Klagen" bringt Vorschriften über *Strafantrag* und *Privatklagen* (Art. 71—76), während sich im Abschnitt „Erlöschen der Klagen und der Strafen" Bestimmungen über das *Erlöschen des Klagerechts* (Art. 59) durch den Tod des Beschuldigten (Art. 59), durch Amnestie (Art. 61), *Verfolgungsverjährung* (Art. 62, 63) oder Verzicht des Verletzten (Art. 60), über die *Vollstreckungsverjährung* (Art. 65, 66), die Hemmung und Unterbrechung der Verjährung (Art. 67) sowie über die Wirkung einer *freiwilligen Zahlung* bei den mit Geldstrafen bedrohten Verbrechen (Art. 64), der Begnadigung und der Verzeihung durch den Verletzten (Art. 68, 69) finden. Art. 70 stellt schließlich klar, daß das Vermögen des Verurteilten stets dem Zugriff wegen der im Strafurteil zuerkannten vermögensrechtlichen Schadenersatzforderungen unterliegt und auch der Tod des Verurteilten daran nichts ändert. Amnestie und Begnadigung lassen die Schadenersatzansprüche Privater unberührt (Art. 61 und 68).

Im letzten Abschnitt des allgemeinen Teils (Art. 77 und 78) gibt das Gesetz einige Begriffserläuterungen.

Der *besondere Teil* des StGB (Zweites Buch) ist in 12 Abschnitte aufgegliedert (Art. 79—302). Trotzdem er nicht über eine sehr große Anzahl von Artikeln verfügt, entbehrt er nicht einer gewissen Kasuistik. Hinzu kommt, daß, was man auch im allgemeinen Teil bemerken kann, der Gesetzgeber wiederholt zur Beschreibung eines Tatbestandsmerkmals mehrere Ausdrücke gleicher oder ähnlicher Bedeutung anwendet. In der Übersetzung wurde diese Häufung manchmal vereinfacht. — Zur Fassung der Strafbestimmungen ist noch zu bemerken, daß das Gesetz in der Regel die Strafdrohung voranstellt und daran die Tatbestandsbeschreibung schließt („Es wird bestraft werden mit ..., wer ..."). Es erschien angebracht, bei der Übersetzung die Strafdrohungen, wie auch im deutschen StGB üblich, nachzustellen.

In seinem besonderen Teil hat das StGB Argentiniens durch den Aufbau seiner Tatbestände stark den Charakter eines *Schutzrechts*, d. h. eines *Rechts zum Schutze der* anderweit, d. h. außerhalb des Strafrechts, bestehenden *Rechtsordnung*. Es fällt dem Betrachter auf, daß das Gesetz zur Tatbestandsbildung häufig Begriffe aus anderen Rechtsgebieten, insbesondere dem Zivilrecht, verwendet, die dabei nicht etwa ihre ursprüngliche Sinngebung verlieren, sondern in aller Regel weiterhin i. S. ihrer z. B. privatrechtlichen Bedeutung ausgelegt werden. Durchweg ist die *strafrechtliche Begriffs-*

bildung, gemessen am deutschen Strafrecht, wenig verselbständigt. Man will dies auch im allgemeinen nicht (wohl aus der Auffassung, daß dies dem Zweck der Strafdrohungen, die anderweit vorgegebenen Rechtsinstitutionen zu schützen, widerspräche[1])); einzelne Versuche in dieser Richtung sind i. d. R. auf Ablehnung gestoßen. — Auf Grund des geschilderten Sachverhaltes erschien es angebracht, in Anmerkungen, soweit erforderlich, auf die entsprechenden außerstrafrechtlichen Vorschriften hinzuweisen, um damit eine richtige Einordnung der Strafbestimmung innerhalb des Rahmens der Strafrechtsordnung zu ermöglichen sowie ihren Inhalt und ihre Bedeutung erkennen zu lassen.

Die *Systematik des Gesetzes* verdient wegen der in ihr ausgedrückten *Wertung der geschützten Rechtsgüter* ein gewisses Interesse. Vorangestellt sind die Verbrechen gegen den einzelnen (gegen individuelle Rechtsgüter oder vorwiegend gegen solche, wenn mehrere betroffen sind)[2]); es schließen sich an die Verbrechen gegen die Gesamtheit (die Öffentlichkeit); danach kommen die gegen die Nation als solche, den Staat als Institution, seine Ordnung und seine Einrichtungen. Den Schluß bildet eine Anzahl von Straftaten unter der Bezeichnung „Verbrechen gegen das öffentliche Vertrauen“, die offenbar ebenfalls als gegen Rechtsgüter der Gesamtheit gerichtet angesehen werden sollen, über deren genauere Einordnung sich der Gesetzgeber aber vielleicht nicht im klaren gewesen ist.

Bei den *Verbrechen gegen den einzelnen* stehen die Straftaten gegen die Person (gegen das Leben und die körperliche Unversehrheit) an erster Stelle; den Schluß bilden die dem Schutz des Vermögens gewidmeten Strafvorschriften. Dazwischen ordnen sich die Straftaten gegen die Ehre, die Sittlichkeitsverbrechen, die Verletzungen des Personenstandes und die Straftaten gegen die Freiheit ein. — In der Literatur wird kritisiert, daß der Ehebruch unter den Sittlichkeitsdelikten steht. Man sieht ihn als Verbrechen gegen die eheliche Treue an, wobei eine gewisse Neigung festzustellen ist, als geschütztes Rechtsgut ein überindividuelles (Familie, Familienordnung[3])) anzunehmen. Bei den eigentlichen Sittlichkeitsdelikten (Vergewaltigung, Verführung, sittliche Verderbnis, Verletzung des Schamgefühls und Entführung) scheint die Literatur doch mit dem StGB darin übereinzustimmen, daß das geschützte (oder doch in erster Linie geschützte) Rechtsgut ein individuelles sei (Freiheit des Willens in sexueller Hinsicht, individuelles Schamgefühl oder individuelle Sittlichkeit, wozu manchmal noch das kollektive Schamgefühl — die öffentliche Sittlichkeit — tritt)[4]). Beachtenswert ist auch, daß Vergewaltigung (Art. 119), Verführung (Art. 120, 121), Verletzung des Schamgefühls (Art. 127—129) und Entführung (Art. 130, 131) nur auf Antrag des Verletzten oder seines gesetzlichen Vertreters, Vormundes oder seiner Schutzperson[5]) verfolgt

---

[1]) „Man darf nicht vergessen, daß die Rechtsordnung eine einzige ist ... Der Gesetzesausleger muß die Normen, die er analysiert, immer ... vor allem mit jenen, die dasselbe geschützte Gut betreffen, in Verbindung bringen ...“: so Fontán Balestra, Manual II 1 S. 15.

[2]) Dies entspricht bereits einer argentinischen Tradition: Seit dem Entwurf Tejedor haben alle Gesetze und Entwürfe — mit Ausnahme des Entwurfs 1881, der die Verbrechen gegen die öffentliche Ordnung vorangesetllt hatte — den besonderen Teil mit den Verbrechen gegen Personen begonnen (nach Gómez, Tratado II 9).

[3]) So Fontán Balestra, Manual II 1/189.

[4]) Der Entwurf 1881 sprach statt von Sittlichkeitsdelikten von „Verbrechen gegen die Familienordnung und die öffentliche Moral“. Tejedor sah in den Sittlichkeitsdelikten Angriffe auf die Familienordnung; vorher galten sie als Angriffe auf das Leben der Personen (Fontán Balestra II 1/188).

[5]) Vgl. dazu S. 54 Anm. 3.

werden (Art. 72; siehe jedoch die Ausnahmen in Art. 72 I zweiter Halbsatz und Art. 72 II 2). Der Ehebruch ist Privatklagedelikt (Art. 73). — Auch an der Einordnung der Verbrechen gegen den Personenstand (Art. 134—139) wird teilweise Kritik geübt. Diese Delikte gelten wohl (mindestens in erster Linie) als Angriffe auf den Zivilstand (den jede Person — als individuelles Rechtsgut — hat), was allerdings bei den einzelnen Delikten zweifelhaft sein kann. — Zu den Verbrechen gegen die Freiheit gehören auch die Geheimnisverletzung (Verletzung des Post-, Berufsgeheimnisses usw.) und die Verletzung der Arbeits-, Vereinigungs-, Versammlungs- und Pressefreiheit (Art. 140—161). — Bei den erschwerten Fällen des Diebstahls im Art. 163 fällt auf, daß insbesondere Ziff. 1 durch die Verhältnisse des Landes bestimmt ist (ähnlich bei den erschwerten Fällen des Raubes). Das Kapitel über den Betrug enthält eine ausgedehnte Kasuistik (vgl. insbes. Art. 173). Unter den Betrugstatbeständen finden sich u. a. die Besitzentwendung (strafbare Entwendung der eigenen Sache, Art. 173 Ziff. 5), Pfandrechtsverletzungen (Art. 173 Ziff. 9; der Siegelbruch steht in Art. 254) und Unterschlagungsfälle (Art. 175 Ziff. 1—3; ebenso Art. 173 Ziff. 9, in gewisser Hinsicht auch Art. 173 Ziff. 2): Einen besonderen Tatbestand der Unterschlagung — als Eigentumsdelikt — gibt es nicht, die Unterschlagung wird — kausuistisch — als Betrugshandlung aufgefaßt und konstruiert. — Das Kapitel über die widerrechtliche Besitzergreifung (Art. 181) bildet in bezug auf Grundstücke und Gewässer ein gewisses Korrelat zu den Eigentums-(teils auch Betrugs-)verbrechen an beweglichen Sachen.

Die gegen die *Öffentlichkeit gerichteten Verbrechen* gliedern sich in solche gegen die öffentliche Sicherheit (Brandstiftungen und andere Verheerungen, Beeinträchtigungen der Sicherheit der Transport- und Verkehrsmittel, Seeräuberei und Straftaten gegen die öffentliche Gesundheit, Art. 186—208) und solche gegen die öffentliche Ordnung (Aufforderung zur Verbrechensbegehung, unerlaubte Vereinigung, öffentliche Einschüchterung und Verherrlichung von Verbrechen, Art. 209—213).

Unter den dem *Schutz der Nation bzw. des Staates* gewidmeten Vorschriften nehmen die Staatsschutzbestimmungen den ersten Rang ein. Diese werden durch einige Gesetze außerhalb des StGB vervollständigt: vor allem durch die Gesetze Nr. 13.985 vom 11. Oktober 1950 (Strafbestimmungen gegen die, die die Sicherheit der Nation angreifen; enthält Strafbestimmungen über Spionage und Sabotage sowie ergänzende Strafbestimmungen) und Nr. 14.034 vom 26. Juli 1951 über die Bestrafung derer, die zu Sanktionen gegen den argentinischen Staat geneigt machen[1]). Auch das Militärstrafgesetzbuch von 1951 enthält (wie das vorhergehende von 1898) Staatsschutzbestimmungen. — Der Abschnitt über die Verbrechen gegen die öffentliche Verwaltung (Art. 237—281) umfaßt alle gegen Institutionen des Staates im Innern gerichtete Straftaten (soweit sie nicht die verfassungsmäßige Ordnung selbst betreffen), darunter Widerstand gegen die Staatsgewalt, Amtsanmaßung und Amtsmißbrauch, gegen die Rechtspflege gerichtete Taten, Amtsdelikte u. a. m.

Der letzte Abschnitt enthält in erster Linie die Fälschungstaten (Falschmünzerei, Urkundenfälschung, Stempelfälschung; Art. 282—299). Dazu

[1]) Das decreto Nr. 536 vom 15. Januar 1945 über „Verbrechen gegen die Staatssicherheit" (abgedruckt in deutscher Übersetzung bei Schönke, Die strafrechtlichen Staatsschutzbestimmungen des Auslandes, 1953, S. 104 ff.) wurde nach dem Sturz der Regierung Perón durch decreto-ley vom 5. Dezember 1955 aufgehoben.

kommen einige Täuschungshandlungen und andere unlautere Handlungen, die schädigende Auswirkungen auf die Wirtschaftslage (auf Handel und Gewerbe) haben können (Art. 300, 301) sowie schließlich noch eine Bestimmung zum Schutz des Scheckverkehrs (Bestrafung der Zahlung mit ungedeckten Schecks), Art. 302. Es wird nur der Scheck als Zahlungsmittel in dieser Weise geschützt, nicht jedoch der Wechsel (der der Kreditbeschaffung dient). Ausdrücklich den Schutz des Scheckverkehrs haben auch die Art. 175 Z. 4 und 285 im Auge. — Vgl. auch die Anmerkungen zu Art. 302.

Die Systematik des letzten Abschnitts wird wegen Uneinheitlichkeit des geschützten Rechtsgutes kritisiert: Das öffentliche Vertrauen sei geschütztes Rechtsgut nur bei den Fälschungstaten, sonst würden Handel, Industrie und öffentliche Wirtschaft geschützt[1]).

Wegen der Einzelheiten wird auf den Gesetzestext und die dazugehörigen Anmerkungen verwiesen.

VI. Reformbestrebungen seit Inkrafttreten des geltenden StGB

Bei der verbreiteten Ablehnung und einer gewissen Abneigung von offizieller Seite, die dem StGB bei seinem Inkrafttreten widerfuhren, nimmt es nicht wunder, daß die Reformbemühungen alsbald erneut einsetzten. Sie waren von der nun in Argentinien vorherrschenden positivistischen Strömung, mehr vielleicht noch von der kriminalpolitischen Richtung getragen und wurden durch stete Kritik des StGB von den Lehrstühlen herab unterstützt[2]). Die Bemühungen gingen zunächst dahin, im Wege von Teilreformen *Sicherungsmaßnahmen* (auch solche vorbeugender Art) gegen die Gefährlichen zu schaffen und in die Systematik des StGB den Begriff der *Gefährlichkeit* (neben den der Verantwortlichkeit) einzuführen. Ergebnisse dieser Bestrebungen waren[3]) der *Entwurf vom 3. September 1924* (mit Vorschriften über die deliktische und die vordeliktische Gefährlichkeit), der *Entwurf vom 29. Dezember 1926* (der nur eine sich in Verbrechen zeigende Gefährlichkeit kannte und dafür noch andere Teile des StGB reformieren wollte) sowie der *Entwurf vom 21. Mai 1928* über die „Gefährlichkeit ohne Verbrechen" (estado peligroso sin delito; also betr. Maßnahmen gegen Personen, die zu Verbrechen geneigt sind, sie aber noch nicht begangen haben), die sämtlich von Kommissionen, die die Regierung ernannt hatte, ausgearbeitet worden waren.

Keiner dieser Entwürfe erlangte jedoch Gesetzeskraft, obwohl die Regierung die Entwürfe 1926 und 1928 gebilligt hatte. Am *6. Dezember 1932* legte die Regierung schließlich dem Senat einen neuen Entwurf vor, der die Entwürfe 1926 (mit geringen Änderungen) und 1928 und Vorschläge zu weiteren Änderungen im allgemeinen und besonderen Teil des StGB enthielt. Damit begannen die Bemühungen um eine umfassende Reform. Aus dem gen. Regierungsentwurf entstand die *Senatsreform 1933*, die noch umfassendere Reformen im allgemeinen und besonderen Teil vorsah (u. a. sollte die Todesstrafe — Vollstreckung durch Erschießen oder Elektrohinrichtung — wieder eingeführt werden), in bezug auf die Bekämpfung

[1]) Gómez, Tratado VI 166, 30. Der öffentliche Glaube ist nach ihm „das allgemeine Vertrauen, das in bestimmte Urkunden, Zeichen und Sinnbilder in bezug auf das, was sie ausdrücken, gesetzt wird". Aber nicht alle Fälschungstaten seien Verbrechen gegen den öffentlichen Glauben, da nicht alle dieses Vertrauen verletzten.

[2]) Jiménez de Asúa, Tratado I 853, 854.

[3]) Angaben nach Jiménez de Asúa, Tratado I 853—855.

der Gefährlichen aber nur von der deliktischen Gefährlichkeit, nicht auch von der ohne Delikt handelte. Dieser Reformentwurf erlitt starke Angriffe und wurde nicht Gesetz.

1936 beauftragte die Regierung zwei namhafte Vertreter des Positivismus in Argentinien, *Eusebio Gómez* und *Jorge E. Coll*, mit der Ausarbeitung eines Entwurfs. Der Positivismus herrschte damals unbestritten[1]). Am 25. August 1937 wurde der *Entwurf Coll-Gómez* der Abgeordnetenkammer vorgelegt, aber nicht Gesetz. Er baut gemäß dem Prinzip der sozialen Verteidigung auf der Gefährlichkeit auf, wonach die soziale Verteidigung ohne Rücksicht auf die Verantwortlichkeit des Täters im überkommenen Sinne einzusetzen habe. Dementsprechend weiß der Entwurf von einer Zurechnungsfähigkeit nichts (so fehlt bei den Umständen, die die Strafbarkeit der Tat ausschließen, als welche unverschuldeter Tatirrtum, Ausübung von Rechten, Befugnissen oder Pflichten, Notwehr und Notstand aufgezählt werden, die Zurechnungsunfähigkeit); statt dessen nennt er (unter der Überschrift „Der Täter") die einzelnen Merkmale, die die größere oder geringere Gefährlichkeit des Täters zeigen sollen, und gibt Anweisungen, wie die für die Gefährlichkeit bedeutsamen Umstände (durch Berücksichtigung weiterer Umstände und Bezugnahme auf die im ganzen betrachtete Persönlichkeit des Täters) gewertet und die Täter — was für die Verhängung der Sanktionen wichtig ist — klassifiziert werden sollen. Strafen oder ein Nebeneinander von Strafen und Maßnahmen kennt der Entwurf nicht, sondern nur noch einheitlich „Sanktionen". Solche Sanktionen sind: Einschließung (reclusión), Gefängnis, Einweisung in ein Irrenhaus oder in eine amtliche Anstalt, die zur Heilung oder Behandlung geeignet ist, Ausweisung, Aberkennung oder Beschränkung von Rechten und Fähigkeiten und Geldstrafe. Für den Vollzug der Sanktionen sind eine gewisse Differenzierung (für Schwachsinnige, Kranke, Alte und Frauen) sowie die bedingte Entlassung vorgesehen. Auch die bedingte Verurteilung findet sich im Entwurf. Den Jugendlichen unter 18 Jahren gelten ausgedehnte Sonderbestimmungen. Die unbestimmte Verurteilung fehlt als allgemeines Rechtsinstitut; der besondere Teil enthält in Rahmen bestimmte Sanktionsandrohungen. Innerhalb dieser Rahmen sollen die Sanktionen grundsätzlich nach der Gefährlichkeit des Täters bemessen werden. Für einzelne Täter bestimmt der Entwurf sodann Art und Dauer der Sanktion gesondert: Einweisung in eine entsprechende Anstalt bei Geisteskranken oder im Zustand der Bewußtlosigkeit sanktionsfällig gewordenen Tätern (Entlassung nur auf Grund gerichtlicher Entscheidung, keine Einweisung bei fehlender Gefährlichkeit) sowie bei psychisch anomalen und chronisch vergifteten (intoxierten) Tätern[2]) (auf unbestimmte Dauer, sofern nicht nach der Sanktionsandrohung lebenslange Einschließung zu verhängen war); ferner Einschließung von unbestimmter Dauer (falls nicht lebenslange angedroht) bei Hangverbrechern und gefährlichen gewohnheitsmäßigen oder rückfälligen Verbrechern. Für die unbestimmte Dauer werden jeweils Mindestgrenzen festgesetzt. Einschließung von unbestimmter Dauer soll auch bei bestimmten Fällen der Realkonkurrenz verhängt werden, bei anderen kommen nur näher bezeichnete Sanktionserhöhungen in Betracht. Allen diesen Tätern, auch den lebenslang Eingeschlossenen, will der Entwurf die Möglichkeit geben, die bedingte (über-

---

1) Jiménez de Asúa, Tratado I 855, 856.
2) Süchtigen.

wachte) Freilassung zu erlangen. — Der allgemeine Teil enthält weiterhin Vorschriften über vorsätzliche, präterintentionelle und fahrlässige Deliktsbegehung, die Verursachung, den error in persona, Versuch und Teilnahme (wobei keine Formen der Teilnahme mehr unterschieden werden), die Wiedergutmachung u. a. m. In den allgemeinen, vor allem aber in den besonderen Teil ist vieles, was mit den neuen Prinzipien nicht in Widerspruch zu stehen schien, aus dem StGB 1921 übernommen worden, da man offenbar eine gewisse Kontinuität wahren wollte.

Der folgende *Entwurf 1941* von *José Peco* wies bereits eine etwas geänderte Orientierung auf und war von dem betonten Positivismus des vorigen um einiges abgerückt[1]). Sein Verfasser nannte ihn neopositivistisch. Er sucht in ihm den überkommenen Begriff der Verantwortlichkeit mit dem der Gefährlichkeit zu verbinden. Die Verantwortlichkeit, von der er im Entwurf spricht, ist jedoch nicht die schuldhafte, sondern die soziale Verantwortlichkeit. Sie wird ausgeschlossen durch Unzurechnungsfähigkeit, Rechtfertigungs-, Schuldausschließungs- und Straffreiheitsgründe (Art. 25). Der Entwurf will die Tat nur dann nicht zugerechnet wissen, wenn der Täter unter Drohung handelt oder sich in einem Zustand vorübergehender, nicht pathologischer Störung der Geistestätigkeit befindet, sofern er in diesem Zustand die „ethische Natur" seiner Handlungen nicht erkennen oder seine verbrecherischen Antriebe nicht unterdrücken kann (Art. 26). Zu den Rechtfertigungsgründen zählen Notstand, Notwehr, Ausübung eines Rechtes oder Auftrags innerhalb ihrer Grenzen und die Erfüllung einer von einer Rechtsnorm vorgeschriebenen Pflicht (Art. 27). Art. 28 nennt sodann als Entschuldigungsgründe den Tatirrtum bei Ausführung eines gesetzmäßigen Befehls und die Ausführung eines ungesetzlichen Befehls, dessen Prüfung auf seine Rechtmäßigkeit hin von einer rechtlichen Vorschrift untersagt ist. Wegen des Irrtums vgl. oben bei Besprechung der Irrtumsregelung nach dem geltenden StGB. — Wie er hier von einem einheitlichen Begriff der Verantwortlichkeit ausgeht, so sucht Peco auch einen einheitlichen Begriff der Sanktion zu wahren: Alle Verantwortlichen unterliegen der vom Gesetz angedrohten Sanktion. Die Sanktionen jedoch gliedern sich (Art. 39) in Strafsanktionen, die hauptsächlicher (Zuchthaus, Gefängnis, Geldstrafe) oder akzessorischer (Geldstrafe, umfassende und beschränkte Aberkennung oder Beschränkung von Rechten und Fähigkeiten, Verfall und Urteilsveröffentlichung) Art sein können, heilende (Einweisung in eine Heilanstalt für Geisteskranke, Trinker oder Süchtige), erziehende (bei Minderjährigen), ausscheidende (Einschließung im Süden) und zivilrechtliche (Schadenersatzleistungen) Sanktionen (also in Strafen, Maßnahmen und Wiedergutmachung). Die Art der Sanktion (Strafe oder Maßnahme) ist nach der Person des Täters zu bestimmen. Die Geisteskranken, die an einer vorübergehenden pathologischen Störung der Geistestätigkeit Leidenden und die chronisch Alkohol- oder Rauschgiftsüchtigen werden auf unbestimmte Zeit in eine besondere Anstalt eingewiesen, die sie erst wieder verlassen dürfen, wenn sie nicht mehr für sich oder andere gefährlich sind (Art. 30). Für die Minderjährigen enthält der Entwurf ausgedehnte Sondervorschriften (Art. 31—33). Bei den erstmals Rückfälligen (hier genügen Fahrlässigkeitsdelikte) kann der Richter die angedrohte Sanktion bis um ein Drittel erhöhen, wenn der

[1]) Inzwischen waren dem Positivismus vor allem in Sebastian Soler und seinen Schülern wissenschaftliche Gegner erwachsen (s. o. S. 20 Anm. 3).

Täter größere Gefährlichkeit zeigt (Art. 35). Wer schon wegen mindestens zweier vorsätzlicher Verbrechen verurteilt worden ist und ein weiteres begeht, erhält, wenn er besonders gefährlich ist, als gewohnheitsmäßiger Verbrecher für die Zeit nach Verbüßung seiner Strafsanktion eine 15 Jahre nicht übersteigende ausscheidende Sanktion von unbestimmter Dauer (Art. 36). Schließlich kennt der Entwurf noch den Triebverbrecher: Jemand, der, ohne geisteskrank oder geistesgestört zu sein, infolge seiner anomalen organisch-psychischen Konstitution ein Verbrechen, das eine besondere Verkommenheit offenbart, begeht. Für ihn ist eine Sanktion unbestimmter Dauer von mindestens zwei Dritteln der angedrohten Höchststrafe (sofern dies nicht lebenslange Freiheitsstrafe ist) vorgesehen (Art. 38). — Die Strafe soll nach der Gefährlichkeit (bei Geldstrafe auch nach den wirtschaftlichen Verhältnissen), für deren Beurteilung die Persönlichkeit und die Führung des Täters, die Art der persönlichen, familiären oder sozialen Motive sowie die Schwere und die Umstände des Verbrechens ausschlaggebend sind (Art. 34), bemessen werden (Art. 77). Im besonderen Teil wird lediglich „Freiheitsstrafe“ angedroht. Der Richter hat dann nach der Persönlichkeit des Verbrechers, dem bestimmenden Beweggrund und der Art des Verbrechens zwischen Zuchthaus und Gefängnis zu wählen. Dasselbe gilt für die Wahl zwischen Geldstrafe und Freiheitsstrafe (Art. 79). Bei Ersttätern ist gerichtliche Verzeihung möglich (wenn die geringe Schwere der Tat und die geringe Gefährlichkeit einen Rückfall unwahrscheinlich erscheinen lassen). — Jeder Verurteilte kann einmal die bedingte Entlassung (bei guter Führung und geschwundener Gefährlichkeit für die Gesellschaft) erlangen: nach Verbüßen von zwanzig Jahren der lebenslangen oder von zwei Dritteln einer mindestens dreijährigen Sanktion. Gefährliche Rückfällige müssen fünfundzwanzig Jahre bzw. drei Viertel der Sanktion verbüßt haben. Gewohnheits- und Triebverbrecher werden immer nur bedingt entlassen (Art. 86). — Täter, Anstifter und Gehilfe unterliegen in gleicher Weise der angedrohten Sanktion, die lediglich für den Teilnehmer, dessen Mitwirkung geringere Gefährlichkeit enthüllt, gemindert werden kann (Art. 19). — Der besondere Teil bringt manche neue Tatbestände und weist eine eigene und verbesserte Systematik auf. An erster Stelle stehen auch hier die Strafbestimmungen, die Rechtsgüter des einzelnen (Leben und körperliche Unversehrtheit; Ehre; Vermögen; Freiheit; gute Sitten[1])) schützen sollen; es folgen die Verbrechen gegen Rechtsgüter der Familie[2]), gegen solche der Gesellschaft[3]) und zum Schluß gegen Rechtsgüter des Staates: den Staat als solchen[4]), den Volkswillen (Wahldelikte), die öffentliche Verwaltung[5]), die Rechtspflege[6]) und Rechtsgüter der Staatengemeinschaft[7]).

---

1) Sittlichkeitsdelikte; unterteilt in Taten gegen die geschlechtliche Freiheit, die geschlechtliche Scham und die Freiheit und Würde der Person (Verführung Jugendlicher, Förderung der Prostitution u. a.).

2) Familienreinheit (Blutschande); Ehe; Familienstand (Personenstand); Familienhilfspflichten; väterliche Gewalt, Vormundschaft, Pflegschaft, Aufsicht.

3) Gemeingefährliche Verbrechen; Verbrechen gegen den öffentlichen Glauben; die öffentliche Wirtschaft, den Handel und die Industrie; das religiöse Empfinden und die Ehrfurcht vor Verstorbenen; den öffentlichen Frieden.

4) Seine äußere und innere Sicherheit und vorbeugende Strafandrohungen.

5) Amtspflichtverletzungen und Taten gegen die Obrigkeit.

6) Gegen die gerichtliche Tätigkeit, die Autorität gerichtlicher Entscheidungen, gewaltsame Rechtsausübung.

7) Verbrechen gegen den internationalen Frieden (öffentliche Anstiftung zum Angriffskrieg) und solche unbestimmter allgemeiner Gefahr (Seeräuberei).

Peco gab an, seinen Entwurf auf den Prinzipien der sozialen Verteidigung, der Verhängung einer Sanktion für jedes Verbrechen oder gegen jeden Urheber einer als Verbrechen betrachteten Handlung, der kriminellen Gefährlichkeit und dem richterlichen Ermessen aufgebaut zu haben, unbeschadet der juristischen Konstruktion des Verbrechens[1]).

Peco legte seinen Entwurf am 25. September 1941 der Abgeordnetenkammer, der er selbst angehörte, vor. Auch dieser Entwurf wurde nicht Gesetz.

Mit der Ausarbeitung von (auf Teilgebiete beschränkten) Reformvorschlägen befaßte sich auch das 1935 gegründete „Instituto Argentino de Estudios Legislativos"[2]).

Die neue argentinische *Verfassung vom 11. März 1949* („Perón-Verfassung" genannt)[3]) enthält wie die vorhergehende von 1853 eine Reihe von Vorschriften strafrechtlichen Charakters, die größtenteils aus der alten Verfassung übernommen wurden. In Art. 29 wird (noch deutlicher als in Art. 18 der alten Verfassung, s. o. unter II) ausgesprochen, daß Zweck der Strafe nicht die Sühne ist: „Die Gefängnisse sollen gesund, sauber und zur sozialen Umerziehung der Häftlinge geeignet sein; für jede aus Gründen der Vorsicht getroffene Maßnahme, die dazu führt, die Häftlinge mehr leiden zu lassen, als die Sicherheit erfordert, ist der Richter oder Beamte, der sie gestattet, verantwortlich". — Art. 16 schreibt die Reform der gesamten Gesetzgebung vor, damit diese den Grundsätzen der neuen Verfassung angepaßt werde.

Im Zuge der *Reformarbeiten* wurden 1948 besondere Abteilungen („*Institutos Jurídicos*") im Justizministerium geschaffen, die die Entwürfe ausarbeiten sollten, die die Regierung dem Kongreß vorlegen wollte. Der 2. Fünfjahresplan der Regierung Perón (1953—1958) hatte sich die Schaffung eines neuen StGB zum Ziel gesetzt[4]). Das neue StGB sollte es ermöglichen, „sich den Idealen der Individualisierung der Strafe und der unbestimmten Verurteilung zu nähern"[5]).

Im Rahmen der von der Verfassung angeordneten Reformbemühungen legte die Regierung am 1. August 1951 dem Kongreß einen von der strafrechtlichen der genannten Abteilungen (Institutos jurídicos) ausgearbeiteten Entwurf (*E 1951*) vor. Dieser Entwurf will die Zweispurigkeit von Zurechnungsfähigkeit und Gefährlichkeit, Strafen und Sicherungsmaßnahmen (die zusammenfassend als strafrechtliche Sanktionen bezeichnet werden) einführen. Strafen sind Gefängnisstrafe, Geldstrafe und Aberkennung oder Beschränkung von Rechten und Fähigkeiten, Sicherungsmaßnahmen lediglich gerichtliche Unterbringung für die Unzurechnungsfähigen und unbestimmte Freiheitsentziehung für die mehrfach Rückfälligen. Bei der Feststellung der Gefährlichkeit sollen in erster Linie die persönlichen, familiären und sozialen Daten aus dem Vorleben sowie die Führung und die biopsychische Persönlichkeit des Beschuldigten, daneben aber auch die Natur und die Schwere der Straftat beachtet werden. Der

[1]) Nach Fontán Balestra, Manual I 66.

[2]) Jiménez de Asúa, Tratado I 860—861.

[3]) Perón selbst bezeichnete sie als „Constitución justicialista" (Jiménez de Asúa, Tratado I 866).

[4]) Aftalión, Planeación de la politica criminal en la Argentina, in: Anuario de Derecho penal y Ciencias penales, Madrid 1954 S. 311 ff.

[5]) Aftalión a. a. O.

Entwurf zählt die erschwerenden und mildernden Umstände, die er „Anzeichen größerer oder geringerer Gefährlichkeit" nennt, kasuistisch auf (keine Generalklausel). Das Minderjährigenrecht ist in einem besonderen Abschnitt geregelt (3 Gruppen von Jugendlichen, für die die Bestimmungen dieses Abschnitts gelten sollen: die 7—14-, 14—18- und 18—21jährigen).

Im besonderen Teil werden neue Straftaten eingeführt und u. a. die Staatsschutzdelikte der Nebengesetze eingearbeitet. Die Systematik weist einige Neuerungen auf. Voran stehen wiederum die Verbrechen gegen das Leben und die Unversehrtheit der Person nebst den übrigen Verbrechen gegen den einzelnen (gegen die Ehre, die Freiheit und das Vermögen). Die Sittlichkeitsdelikte sind aber jetzt zu Verbrechen gegen die öffentliche Moral und die guten Sitten geworden. Zu den Verbrechen gegen die Familie gehören die Angriffe auf die Ehe, das Familienband, den Familienstatus, Verletzung von Familienhilfspflichten, der väterlichen Gewalt, der Adoption, der Vormundschaft, Pflegschaft oder Aufsicht über Geschäftsunfähige. Zu dieser Gruppe von Straftaten gegen überpersönliche Rechtsgüter zählt der Entwurf weiter Angriffe auf das religiöse Empfinden und die Ehrfurcht vor Verstorbenen, Verbrechen gegen das öffentliche Vertrauen (Fälschungen usw.), die öffentliche Wirtschaft, die Industrie und den Handel. Den Schluß bilden die Staatsschutzverbrechen, die Straftaten gegen die öffentliche Verwaltung und die Angriffe auf die Rechtspflege[1]).

Der Entwurf 1951 wurde nicht Gesetz, ebensowenig ein weiterer Entwurf (1953)[2]). Nach einer mündlichen Mitteilung ist dem Kongreß 1955/56 bereits ein neuer Entwurf vorgelegt worden.

VII. Änderungen des StGB

Das StGB hat einige Änderungen erfahren. In den Anmerkungen finden sich Hinweise darauf. Das Gesetz Nr. 13.569 vom 13. Oktober 1949 brachte in den Art. 67, 89, 219, 244 und 245 z. T. wesentliche Änderungen (s. die dortigen Anm.). Dem Art. 89 wurde folgender Absatz 2 hinzugefügt: „Die ohne Waffengebrauch herbeigeführte Verletzung, die keine andere Folge hat als die, das Opfer für einen Zeitraum von höchstens 3 Tagen zu seiner gewöhnlichen Beschäftigung unfähig zu machen, und die spontan heilt, ist keiner Sanktion unterworfen". — Der Senat legte jedoch sein Veto gegen diese Vorschrift ein und versagte ihr die Bestätigung. — Das decreto Nr. 486 vom 7. Oktober 1955 hat inzwischen den alten Art. 244 wieder in Kraft gesetzt.

Hingewiesen sei auch auf die durch decreto vom 3. August 1944 eingefügte Änderung des Art. 52 (mit entsprechenden Änderungen der Art. 50 und 53). Dies von der damaligen „de facto"-Regierung erlassene decreto wurde durch Gesetz Nr. 12 997 vom 23. August 1947 ratifiziert.

1) Angaben nach den Mitteilungen bei Antonio Quintano Ripollés, Nuevo proyecto del Código penal en Argentina, in: Anuario de Derecho penal y Ciencias penales, Madrid 1952, S. 478 ff. und bei Luis Jiménez de Asúa in der „Chronique Etrangére" der „Revue de droit pénal et de criminologie", Brüssel 1953 S. 956 ff. (= Das Strafrecht Iberoamerikas während der letzten 2 Jahre [1951—1952], ZStW 1954 S. 450 ff., Auslandsrundschau S. 78 ff.). — Nach Jiménez de Asúa hat der Entwurf 1951 eine ungünstige Kritik erfahren.

2) Vgl. über diesen Entwurf Jiménez de Asúa, Das Strafrecht Lateinamerikas im Jahre 1953, ZStW 1956, Auslandsrundschau S. 55 ff.

VIII. Strafrechtliche Nebengesetze[1])

Die strafrechtlichen Nebengesetze sind sehr zahlreich. Es sollen nur einige der wichtigsten angeführt werden: die bei der Besprechung des besonderen Teils des StGB erwähnten Staatsschutzgesetze, das Gesetz Nr. 13 945 vom 3. Oktober 1950 über Waffen und Sprengstoffe, das Gesetz Nr. 4097 vom 9. August 1902 über das Verbot des Glücksspiels, das Gesetz Nr. 4144 vom 23. November 1902 über die Ausweisung von Ausländern, das Gesetz Nr. 9643 vom 15. Oktober 1914 über Warrants und Hinterlegungsscheine bei Obst und landwirtschaftlichen Erzeugnissen usw., das Gesetz Nr. 12 331 vom 17. Dezember 1936 über Geschlechtskrankheiten (das u. a. das Unterhalten von Bordellen strafrechtlich verbietet), das Gesetz Nr. 12 591 vom 8. September 1939 über Spekulation und Höchstpreise, das Gesetz Nr. 12.906 vom 30. Dezember 1946 über die Bestrafung von Spekulation und Monopol (der Trusts), das Gesetz Nr. 12 962 (decreto-ley Nr. 15.348/1946) vom 27. März 1947 über Registerpfandrecht; das Gesetz Nr. 13 944 vom 9. Oktober 1950 über die Strafbarkeit der Nichterfüllung von Familienunterhaltspflichten (s. Art. 73 Z. 5 StGB), das Gesetz Nr. 14.129 vom 31. Juli 1952 über die Bestrafung des Schmuggels (geändert durch Ges. Nr. 14.391 und decreto-ley Nr. 10.317 bis vom 7. Juli 1956), das Ges. Nr. 14.346 vom 27. Okt. 1954 (Tierschutzgesetz), das Ges. Nr. 14.307 vom 15. Juli 1954 (Luftfahrtgesetz) usw. — Sehr zahlreich sind auch die Gesetze verwaltungsrechtlichen und anderen Inhalts, die Strafbestimmungen enthalten.

Schließlich sei noch das decreto-ley vom 26. September 1955 erwähnt, das (nach dem Sturz der Perón-Regierung) eine allgemeine Amnestie für alle brachte, die in der Zeit vom 4. Juni 1946 bis zum 26. September 1955 wegen politischer Verbrechen oder wegen gemeiner Verbrechen, die mit politischen im Zusammenhang standen, verurteilt wurden oder gegen die wegen solcher Verbrechen bis zum 16. Juni 1955 eine Strafverfolgung eingeleitet worden war. Zu seiner Erläuterung erging am 21. Dezember 1955 ein weiteres decreto-ley, das klarstellte, daß die Amnestie nur für Personen, die infolge ihrer gegen das frühere Regierungssystem gerichteten politischen Tätigkeit wegen der genannten Verbrechen abgeurteilt oder strafrechtlich verfolgt wurden, gelte[2]).

---

[1]) Für sie gilt Art. 4 StGB.

[2]) Angaben nach Jiménez de Asúa in der Chronique de Droit Pénal Etranger (Chronique de Droit Pénal des Pays de l'Amérique espagnole pendant les années 1954—55) der Revue de droit pénal et de criminologie, Brüssel, 1956, S. 927/928.

Gesetzesübersicht

ERSTES BUCH

Allgemeine Bestimmungen (Art. 1—78)

Seite

ZWEITES BUCH

Von den Verbrechen (Art. 79—302)

Argentinisches Strafgesetzbuch

vom 29. Oktober 1921

(Gesetz Nr. 11 179)

ERSTES BUCH

Allgemeine Vorschriften

Erster Abschnitt

Anwendung des Strafgesetzes

Art. 1. Dieses Gesetz gilt

1. für Verbrechen, die auf argentinischem Staatsgebiet oder an Orten, die unter argentinischer Gerichtsbarkeit stehen, begangen werden oder deren Erfolg dort eintreten soll;
2. für Verbrechen, die von Bediensteten argentinischer Behörden im Ausland in Ausübung ihres Amtes begangen werden.

Art. 2. Gilt zur Zeit der Begehung des Verbrechens ein anderes Gesetz als bei seiner Aburteilung oder in der dazwischen liegenden Zeit, so ist immer das mildere Gesetz anzuwenden.

Bei Erlaß eines milderen Gesetzes während der Dauer der Strafe wird diese entsprechend der von jenem Gesetz angedrohten Strafe herabgesetzt[1]).

In allen Fällen dieses Artikels wird das neue Gesetz von Amts wegen angewendet.

Art. 3. Bei der Anrechnung der Untersuchungshaft[2]) wird das hierfür günstigere Gesetz gesondert angewendet.

Art. 4. Die allgemeinen Bestimmungen dieses Gesetzes gelten auch für die von Nebengesetzen erfaßten Verbrechen, soweit diese Gesetze nichts anderes bestimmen.

Zweiter Abschnitt

Von den Strafen

Art. 5. Die Strafen, die dieses Gesetz androht, sind Zuchthaus, Gefängnis, Geldstrafe und Aberkennung oder Beschränkung von Rechten und Fähigkeiten.

Art. 6. Die lebenslange oder zeitige Zuchthausstrafe ist mit Arbeitszwang verbunden und wird in den dazu bestimmten Anstalten vollzogen. Die Sträflinge können zu öffentlichen Arbeiten jeder Art herangezogen werden, sofern diese Arbeiten nicht von Privatpersonen vertraglich übernommen worden sind.

Art. 7. Die zu Zuchthaus verurteilten schwächlichen, kranken oder über 60 Jahre alten Personen verbüßen ihre Strafe im Gefängnis. Sie dürfen nur zu solchen besonderen Arbeiten herangezogen werden, die die Anstaltsleitung bestimmt.

---

[1]) Im Wege der Wiederaufnahme: Art. 551, Z. 4, 554 IV StPO für die Bundesgerichtsbarkeit, die Hauptstadt und die nationalen Gebietsteile; wiederaufnahmeberechtigt sind außer dem Verurteilten der Ehegatte, Verwandte auf- und absteigender Linie, Geschwister, die Staatsanwaltschaft, auch im Falle des Todes des Verurteilten, Art. 552 a. a. O. Entsprechend z. B. Art. 311 Z. 5, 314 V, 312 StPO für die Provinz Buenos Aires. Vgl. die Vorbemerkung der Einleitung.

[2]) s. Art. 24 StGB.

Art. 8. Minderjährige und Frauen verbüßen die Strafe in besonderen Anstalten.

Art. 9. Die lebenslange oder zeitige Gefängnisstrafe ist mit Arbeitszwang verbunden und wird in Anstalten, die von den für die Zuchthausgefangenen bestimmten getrennt sind, vollzogen.

Art. 10. Wenn die Gefängnisstrafe sechs Monate nicht übersteigt, kann sie an unbescholtenen[1]) Frauen und über 60 Jahre alten oder kranken Personen in Form der Verwahrung in ihrem eigenen Hause vollzogen werden[2]).

Art. 11. Der Ertrag der Arbeit des zu Zuchthaus oder Gefängnis Verurteilten wird gleichzeitig[3]) verwendet,

1. um die durch das Verbrechen entstandenen Schäden und Nachteile[4]), die im Wege anderweiten Rückgriffs nicht ausgeglichen werden können, zu ersetzen,
2. um den nach dem Zivilgesetzbuch geschuldeten Unterhalt zu leisten,
3. um die durch den Verurteilten in der Anstalt entstandenen Unkosten zu decken,
4. um ein persönliches Guthaben, das dem Verurteilten bei seiner Entlassung ausgezahlt wird, zu bilden.

Art. 12. Eine Zuchthaus- oder Gefängnisstrafe von mehr als 3 Jahren hat die umfassende Aberkennung oder Beschränkung von Rechten und Fähigkeiten[5]) für die Dauer der Strafe oder für eine bis zu drei Jahren längere Zeit, wenn das Gericht nach der Art des Verbrechens darauf erkennt, zur Folge. Sie bringt außerdem für die Dauer der Strafe den Entzug der väterlichen Gewalt, der Vermögensverwaltung und des Rechtes, über das Vermögen durch Rechtsgeschäfte unter Lebenden zu verfügen, mit sich. Der Sträfling wird der Pflegschaft, die das Zivilgesetzbuch für die geschäftsunfähigen Personen[6]) anordnet[7]), unterstellt.

Art. 13. Der zu lebenslanger Zuchthaus- oder Gefängnisstrafe Verurteilte, der zwanzig Jahre, der zu zeitiger Zuchthaus- oder zu einer Gefängnisstrafe von mehr als drei Jahren Verurteilte, der zwei Drittel seiner Strafe, oder der zu einer höchstens dreijährigen Zuchthaus- oder Gefängnisstrafe Verurteilte, der ein Jahr der Zuchthaus- oder acht Monate der Gefängnisstrafe verbüßt und die Anstaltsordnung regelmäßig beachtet hat, kann durch gerichtliche Entscheidung, die nach vorherigem Bericht der Anstaltsleitung ergeht, unter folgenden Bedingungen entlassen werden:

1. an dem Orte zu wohnen, der in dem die Freilassung anordnenden Beschluß bestimmt ist;

---

1) honesta = ehrbar, anständig.

2) Vgl. Art. 7, 8 und 26. Besonders für Frauen hat die Vorschrift wenig Bedeutung, da es ihnen bei Unanwendbarkeit des Art. 26 i. d. R. an der Unbescholtenheit fehlen wird.

3) Verhältnismäßige Aufteilung gem. Anordnung der Verwaltungsbehörde (Mallo I, 116). Mallo gibt a. a. O. S. 117 den Aufteilungsschlüssel nach einem Dekret der Provinz Buenos Aires von 1944 wie folgt an: Ziff. 1: 15%; Ziff. 2: 25%; Ziff. 3: 40%; Ziff. 4: 20%. Ein Dekret vom 16. Juni 1923 ordnete gleichmäßige Verteilung (je 25%) an; bei Fehlen der Z. 1 50% für Z. 2, bei Fehlen (auch) der Z. 2 50% (75%) für Z. 4 (Fontán Balestra S. 463, 464).

4) Vgl. Art. 29 Ziff. 1.

5) inhabilitación absoluta.

6) incapaces.

7) Art. 468 ff. des Zivilgesetzbuches. Die Pflegschaft wird nach dem Zivilgesetzbuch für die zur Verwaltung ihres Vermögens unfähigen volljährigen Personen (Art. 468 Código civil) angeordnet, d. h. für die Geisteskranken (auch während der lucida intervalla) und die Taubstummen, die weder lesen noch schreiben können (Art. 469 Código civil). Vgl. im übrigen S. 73 Anm. 14.

2. die in diesem Beschluß aufgestellten Überwachungsvorschriften zu beachten, insbesondere der Verpflichtung, sich alkoholischer Getränke zu enthalten, nachzukommen;
3. innerhalb der im Beschluß bestimmten Frist eine Beschäftigung anzunehmen, ein Handwerk oder ein Gewerbe auszuüben oder einen Beruf zu ergreifen, wenn er keine eigenen Mittel zur Bestreitung seines Lebensunterhalts besitzt;
4. keine neuen Verbrechen zu begehen;
5. sich der von den zuständigen Behörden bezeichneten Schutzhilfe[1]) zu unterstellen.

Diese Bedingungen gelten bei zeitigen Strafen bis zum Ende der Strafdauer und bei lebenslangen bis zum Ablauf von fünf Jahren seit dem Tag der bedingten Entlassung.

Art. 14. Rückfälligen wird die bedingte Entlassung nicht gewährt.

Art. 15. Die bedingte Entlassung wird widerrufen, wenn der Bestrafte ein neues Verbrechen begeht oder seine Wohnsitzverpflichtung verletzt. In diesen Fällen wird die schon verstrichene Zeit der bedingten Entlassung auf die Dauer der Strafe nicht angerechnet. In den Fällen der Ziffern 2, 3 und 5 des Artikels 13 kann das Gericht anordnen, daß die Zeit der bedingten Entlassung ganz oder zum Teil nicht auf die Dauer der Strafe angerechnet wird, bis der Bestrafte die Bestimmungen der genannten Ziffern erfüllt hat.

Art. 16. Wenn bis zum Ablauf der Strafdauer oder der in Art. 13 genannten Fünfjahresfrist die bedingte Entlassung nicht widerrufen worden ist, erlöschen die Strafe und die umfassende Aberkennung oder Beschränkung von Rechten und Fähigkeiten des Art. 12.

Art. 17. Der Bestrafte, dessen bedingte Entlassung widerrufen worden ist, kann sie nicht nochmals erlangen.

Art. 18. Die von den Gerichten der Provinzen zu Zuchthaus oder Gefängnis von mehr als fünf Jahren Verurteilten werden in die entsprechenden nationalen Anstalten aufgenommen[2]). Die Provinzen können die Verurteilten hinschicken, wenn sie nicht über geeignete Anstalten verfügen.

Art. 19. Die umfassende Aberkennung oder Beschränkung von Rechten und Fähigkeiten[3]) bewirkt

1. den Entzug[4]) des öffentlichen Amtes oder der öffentlichen Stellung, die der Bestrafte, sei es auch auf Grund einer öffentlichen Wahl, bekleidet hat;
2. den Entzug[4]) des Wahlrechts;
3. die Unfähigkeit, öffentliche Ämter, Stellungen oder Aufträge zu erlangen;
4. den Verlust[5]) jeden Ruhegehalts, jeder Rente oder Leistung aus einer Unterstützungskasse, die der Bestrafte genießt. Der Betrag des Ruhegehalts, der Rente oder Unterstützungsleistung gebührt der Ehefrau, den minderjährigen Abkömmlingen jeder Art und den alten und hilf-

---

[1]) patronato (Fürsorge).

[2]) Wenn sie von den zuständigen Provinzbehörden hingeschickt werden. Die Vorschrift stellt eine Ermächtigung der Provinzen zum Zweck der Vereinheitlichung des Strafvollzugs dar.

[3]) inhabilitación absoluta.

[4]) privación.

[5]) pérdida.

losen Eltern, sofern solche vorhanden sind; andernfalls dient er der Erhöhung der nach Maßgabe des Art. 11 zu verwendenden Geldmittel.

Art. 20. Die besondere Aberkennung oder Beschränkung von Rechten und Fähigkeiten[1]) entzieht die Stellung, die Berechtigung zur Ausübung des Gewerbes oder des Berufes[2]) oder das Recht, je nachdem, wofür sie ausgesprochen wird, sowie die Fähigkeit, andere derselben Art während der Dauer der Strafe zu erlangen.

Die besondere Aberkennung oder Beschränkung politischer Rechte hat die Unfähigkeit zur Folge, die politischen Rechte, für welche sie ausgesprochen wird, während der Dauer der Strafe auszuüben.

Art. 21. Durch die Geldstrafe wird der Verurteilte verpflichtet, den im Urteil bestimmten Geldbetrag zu zahlen. Bei ihrer Festsetzung ist außer den allgemeinen Strafzumessungsgründen des Art. 40 die wirtschaftliche Lage des Angeklagten in Betracht zu ziehen.

Bezahlt der Verurteilte die Geldstrafe nicht innerhalb der im Urteil bestimmten Frist, so hat er eine eineinhalb Jahre nicht übersteigende Gefängnisstrafe zu verbüßen.

Vor der Umwandlung der Geldstrafe in die entsprechende Gefängnisstrafe hat das Gericht für die Erfüllung der Geldstrafe durch Vollstreckung in die Sachgüter[3]), die Lohnforderungen und andere Einnahmen des Verurteilten zu sorgen. Dem Verurteilten kann gestattet werden, die Geldstrafe durch freie Arbeit zu tilgen, sofern sich Gelegenheit dazu bietet.

Dem Verurteilten kann auch gestattet werden, die Geldstrafe in Raten zu zahlen. Das Gericht bestimmt Höhe und Zeitpunkt der Zahlungen entsprechend der wirtschaftlichen Lage des Verurteilten.

Art. 22. Sobald die Geldstrafe gezahlt ist, wird der Verurteilte freigelassen.

Der Betrag der zu zahlenden Geldstrafe wird nach den Bestimmungen über die Anrechnung der Untersuchungshaft[4]) um den der erlittenen Haft[5]) entsprechenden Teil vermindert.

Art. 23. Die Verurteilung hat den Verfall[6]) der Verbrechenswerkzeuge, die ebenso wie das als unmittelbare Folge des Verbrechens Erlangte[7]) eingezogen werden, sofern sie nicht einem für das Verbrechen nicht verantwortlichen Dritten gehören, zur Folge. Die eingezogenen Verbrechens-

---

[1]) inhabilitación especial.

[2]) Im spanischen Text: empleo, cargo, profesión. Was mit diesen Ausdrücken insgesamt gemeint ist, kann etwa mit „Gewerbe, Stellung, Beruf" wiedergegeben werden. Unter „Gewerbe" ist dabei die Tätigkeit zu verstehen, die nach bestimmten Regeln (handwerklichen, wissenschaftlichen usw., nicht jedoch gesetzlichen — also lege artis) ausgeübt wird. Das argentinische StGB spricht sonst meist von „arte" (hier nie mit „Kunst", sondern immer mit „Gewerbe" im bezeichneten Sinne übersetzt). Gemeinsames Merkmal für Gewerbe, Stellung und Beruf i. S. des Art. 20 ist das Erfordernis besonderer Kenntnisse für ihre Ausübung (sie bestehen in der Ausübung dieser Kenntnisse). Die Strafe des Art. 20 wird — soweit sie angedroht ist — nur verhängt, wenn die Tat in Ausübung des betreffenden Gewerbes, Berufs, Rechts oder der betreffenden Stellung (unter Ausnutzung oder Mißbrauch der besonderen Bedingungen des Gewerbes usw.) begangen wurde (Oderigo S. 21/22 Note 40).

[3]) Vgl. S. 79 Anm. 2.

[4]) Art. 24.

[5]) detención; der Ausdruck ist irrtümlich, denn die nicht beigetriebene Geldstrafe wird gem. Art. 21 II in Gefängnis umgewandelt (Gómez I, 147).

[6]) pérdida.

[7]) Im span. Text: efectos. Für die Interpretation dieses Ausdruckes konnte auf Art. 48 des span. StGB zurückgegriffen werden, wo es heißt: . . . los efectos que de él (= un delito) provinieren; damit ist nach der bei Ferrer Sama, Comentarios al Código Penal, Bd. II, 1947, Anm. zu Art. 48, gegebenen Erläuterung des als unmittelbare Folge des Verbrechens Erlangte gemeint.

werkzeuge dürfen nicht verkauft werden, sondern sind zu zerstören. Die Provinzialregierungen oder das nationale Kriegszeugamt können ihre stofflichen Bestandteile[1]) verwenden.

Art. 24. Bei der Anrechnung der Untersuchungshaft werden zwei Tage Untersuchungshaft einem Tag Zuchthaus, ein Tag Untersuchungshaft einem Tag Gefängnis oder zwei Tagen Aberkennung oder Beschränkung von Rechten und Fähigkeiten oder einem vom Gericht zwischen vier und zehn Pesos festzusetzenden Betrag der Geldstrafe gleichgeachtet.

Art. 25. Wird der Bestrafte während der Dauer der Strafe geisteskrank, so ist die Zeit der Geisteskrankheit auf die Vollstreckung der Strafe anzurechnen, unbeschadet der Vorschrift des Art. 34 Ziffer 1 Absatz 3.

Dritter Abschnitt
Die bedingte Verurteilung

Art. 26. Bei erstmaliger Verurteilung zu einer zwei Jahre nicht übersteigenden Gefängnis- oder Zuchthausstrafe oder zu einer Geldstrafe kann das Gericht im Urteil anordnen, die Vollstreckung der Strafe aufzuschieben. Für die Entscheidung sind die sittliche Persönlichkeit des Verurteilten, die Art des Verbrechens und die es begleitenden Umstände, soweit sie zur Würdigung jener Persönlichkeit dienen können, maßgebend. Das Gericht stellt die Erhebungen an, die es zu seiner Meinungsbildung für sachdienlich hält.

In den Fällen des Zusammentreffens von Verbrechen ist bedingte Verurteilung zulässig, wenn gegen den Angeklagten eine zwei Jahre nicht übersteigende Gefängnisstrafe verhängt oder auf eine Geldstrafe erkannt wird.

Art. 27. Die Verurteilung gilt als nicht ausgesprochen, wenn der Verurteilte bis zum Ablauf der Vollstreckungsverjährung kein neues Verbrechen begeht.

Begeht er während dieser Zeit ein neues Verbrechen, so hat er die bei der ersten Verurteilung gegen ihn verhängte und die für das zweite Verbrechen verwirkte Strafe nach den Vorschriften über die Strafenhäufung[2]) zu verbüßen.

Art. 28. Der Strafaufschub läßt die Wiedergutmachung des durch das Verbrechen verursachten Schadens und die Zahlung der Kosten des Verfahrens unberührt.

Vierter Abschnitt
Wiedergutmachung des Schadens

Art. 29. Das auf Strafe lautende Urteil kann anordnen

1. den Ersatz des materiellen und ideellen Schadens, der dem Verletzten, seiner Familie oder einem Dritten zugefügt worden ist; bei Fehlen eines vollen Beweises wird die Höhe vom Richter in angemessener Weise festgesetzt;
2. die Rückgabe der durch das Verbrechen erlangten Sache oder, wenn die Rückgabe nicht möglich ist, die Zahlung des Marktpreises der Sache zuzüglich ihres etwaigen Affektionswertes;
3. die Zahlung der Kosten.
4. Wenn die zivilrechtliche Schadenersatzleistung nicht während der Dauer der Strafe erbracht oder wenn zugunsten des Verletzten oder seiner Fa-

---
[1]) materiales.
[2]) Vgl. Art. 58.

milie eine Entschädigungspflicht festgesetzt worden ist, bezeichnet der Richter im Falle der Zahlungsunfähigkeit des Verantwortlichen den Teil seines Lohnes, der zur Erfüllung jener Verpflichtungen zu verwenden ist, bevor er dem Verantwortlichen die bedingte Entlassung gewährt.

Art. 30. Die Schadenersatzpflicht geht allen Verpflichtungen, die der Verantwortliche nach Begehen[1]) des Verbrechens auf sich nimmt, und der Verpflichtung zur Zahlung der Geldstrafe vor.

Wenn das Vermögen des Verantwortlichen nicht genügt, um alle vermögensrechtlichen Verbindlichkeiten zu decken, so sind diese in nachstehender Reihenfolge zu erfüllen:

1. Ersatz der Schäden und Nachteile;
2. Erstattung der Verfahrenskosten.

Art. 31. Die Verpflichtung zur Wiedergutmachung des Schadens obliegt allen für das Verbrechen Verantwortlichen gesamtschuldnerisch[2]).

Art. 32. Wer aus einem vorteilbringenden Rechtsgrund[3]) an den als unmittelbare Folge des Verbrechens erlangten Gegenständen[4]) [5]) teilhat, ist bis zur Höhe seiner Teilhabe zur Wiedergutmachung verpflichtet.

Art. 33. Im Falle völliger oder teilweiser Zahlungsunfähigkeit gelten folgende Bestimmungen:

1. Wenn es sich um zu Zuchthaus oder Gefängnis Verurteilte handelt, findet die Wiedergutmachung in der in Art. 11 bestimmten Form statt.
2. Wenn es sich um zu anderen Strafen Verurteilte handelt, bezeichnet das Gericht den Teil der Einnahmen oder Einkünfte der Verurteilten, den sie bis zur völligen Zahlung in regelmäßigen Zeitabständen zu erlegen haben.

Fünfter Abschnitt

Zurechenbarkeit[6])

Art. 34. Strafbar ist nicht,

1. wer infolge ungenügender Entwicklung[7]) oder krankhafter Veränderung[8]) seiner geistigen Fähigkeiten[9]), infolge Bewußtlosigkeit oder nicht

---

[1]) Für die vor Begehen des Verbrechens entstandenen Verbindlichkeiten ist Art. 3879 des Zivilgesetzbuchs zu beachten, wonach die im allgemeinen Interesse der Gläubiger gemachten und die durch die Konkursverwaltung entstandenen Gerichtskosten sowie die Forderungen des Fiskus und der Gemeinden auf Zahlung öffentlicher direkter oder indirekter Steuern den Vorrang bei der Befriedigung aus dem Vermögen des Schuldners haben. An dritter Stelle stehen dann die Schadenersatzverpflichtungen aus dem Verbrechen (Oderigo S. 34 Note 82; Mallo I, 192).

[2]) Ebenso Art. 1081 des Zivilgesetzbuchs.

[3]) por título lucrativo; vgl. in der Einleitung über die Wiedergutmachung.

[4]) efectos. Vgl. S. 42 Anm. 7.

[5]) Ohne Kenntnis ihrer Herkunft (Oderigo S. 34 Note 85).

[6]) Imputabilidad.

[7]) insuficiencia de sus facultades (wörtlich: Ungenügendheit seiner geistigen Fähigkeiten). Gemeint sind die durch Hemmung der Gehirnentwicklung bedingten geistigen Krankheiten (Gómez I, 225/226; Oderigo S. 37 Note 88; beide unter Bezugnahme auf ein Urteil des Appellationsgerichtshofes der Hauptstadt vom 25. April 1939 in La Ley Bd. 15 S. 539).

[8]) alteraciones morbosas de las mismas. Hierunter fallen alle Formen der Geisteskrankheit (gemeint wohl die erworbenen im Unterschied zur ungenügenden Entwicklung des Geistes), aber auch nur diese, nicht etwa moralische Mängel (Gómez I, 227; Oderigo S. 38 Note 90).

[9]) Eine verminderte Zurechnungsfähigkeit ist dem argentinischen Strafrecht unbekannt. — Die zivilrechtliche Geisteskrankerklärung (s. dazu S. 73 Anm. 14) ist für die strafrechtliche Beurteilung nicht ausschlaggebend (Oderigo S. 38 Note 90).

zurechenbaren[1]) Tatirrtums[2]) zur Zeit der Handlung das Verbrecherische seiner Tat nicht einsehen oder sein Verhalten nicht leiten konnte.
Im Falle der Geisteskrankheit kann das Gericht die Unterbringung[3]) des Täters in einer Anstalt für Geisteskranke[4]) anordnen. Aus dieser Anstalt darf er nur durch gerichtliche Entscheidung, die nach Anhören des Staatsanwalts und vorherigem Gutachten von Sachverständigen ergeht, die die Gefahr, daß der Kranke sich oder anderen Schaden zufügt, für beseitigt erklären, entlassen werden.
In den anderen Fällen, in denen ein Angeklagter aus den in dieser Ziffer genannten Gründen freigesprochen wird, ordnet das Gericht die Unterbringung in einer geeigneten Anstalt bis zu dem Zeitpunkt an, an dem festzustellen ist, daß die Voraussetzungen für die Gefährlichkeit des Angeklagten geschwunden sind;

2. wer unter Zwang durch unwiderstehliche körperliche Gewalt oder durch Bedrohung mit einem schweren und nahe bevorstehenden Übel[5]) handelt;
3. wer ein Übel[5]) verursacht, um ein anderes größeres und nahe bevorstehendes, mit dem er nichts zu tun hat[6]), zu verhüten;
4. wer eine Pflicht erfüllt oder sein Recht, seine Befugnis oder sein Amt rechtmäßig ausübt;
5. wer kraft schuldigen[7]) Gehorsams handelt;
6. wer zur Verteidigung seiner selbst oder seiner Rechte handelt, wenn
   a) ein rechtswidriger Angriff vorliegt,
   b) das angewendete Mittel zur Verhinderung oder Abwehr des Angriffs vernunftgemäß notwendig ist[8]) und
   c) eine zureichende Aufreizung[9]) durch den sich Verteidigenden fehlt.

   Zugunsten dessen, der zur Nachtzeit das Einsteigen in sein Haus, seinen bewohnten Bereich oder in die Nebenräume oder das Aufbrechen der Einfriedung, der Wände oder Eingänge seines Hauses oder bewohnten Bereiches oder der Nebenräume abwehrt, wird ohne Rücksicht auf den dem Angreifer zugefügten Schaden angenommen[10]), daß die vorerwähnten Umstände vorliegen.

   Das gleiche gilt zugunsten dessen, der innerhalb seines Heimes einen Fremden antrifft, sofern dieser Widerstand leistet;
7. wer zur Verteidigung der Person oder der Rechte eines anderen handelt, sofern die unter Ziff. 6 a) und b) genannten Umstände vorliegen und der Verteidiger an einer etwa vorausgegangenen zureichenden Aufreizung[9]) durch den Angegriffenen nicht teilgenommen hat.

---

[1]) d. h. unverschuldeten Tatirrtums. Der verschuldete Tatirrtum schließt jedoch den Vorsatz aus und läßt nur wegen Fahrlässigkeit bestrafen, wenn fahrlässige Begehung unter Strafe gestellt ist (Oderigo S. 41 Note 92).

[2]) error o ignorancia de hecho. Beide Ausdrücke (error und ignorancia) haben gleiche Bedeutung (Gómez I, 233).

[3]) reclusión (Einschließung).

[4]) manicomio (Irrenhaus).

[5]) un mal.

[6]) Rechtswidriger Schaden, der nicht aus einem vorsätzlichen (so Oderigo S. 43 Note 105 unter Bezug auf ein Urteil des Obersten Gerichtshofes von Tucuman in La Ley Bd. 16 S. 786) bzw. schuldhaften (so Gómez I 240 unter Bezug auf den Appellationshof von La Plata, Urteil vom 3. August 1948, La Ley Bd. 53 S. 450) Verhalten des Täters herrührt.

[7]) Der Gehorsam ist nicht geschuldet z. B. gegenüber dem Befehl zur Ausführung eines Verbrechens (Oderigo S. 43 Note 111).

[8]) Proportionalität zwischen Angriff und Abwehr, aber danach beurteilt, wie sich die Sachlage für den Angegriffenen im Augenblick des Angriffs darstellte.

[9]) provocación suficiente.

[10]) Vermutung, die nach wohl h. M. widerlegbar ist.

Art. 35. Wer die durch Gesetz, Amtsausübung, Notwehr oder Notstand gezogenen Grenzen überschreitet[1]), wird mit der Strafe, die auf das durch Fahrlässigkeit oder Unvorsichtigkeit[2]) begangene Verbrechen angedroht ist, bestraft.

Art. 36.[3]) Der Minderjährige unter 14 Jahren ist nicht strafbar.

Ist es nach den Umständen des Falles und den persönlichen Verhältnissen des Täters oder seiner Eltern, Vormünder oder Schutzpersonen gefährlich, ihn unter der Aufsicht der Letztgenannten zu lassen, so ordnet das Gericht seine Unterbringung[4] in einer Besserungsanstalt für Minderjährige bis zu seinem vollendeten achtzehnten Lebensjahr an. Er kann auf Grund des Nachweises seiner und seiner Eltern oder Schutzpersonen[5]) guten Führung durch gerichtliche Entscheidung vorzeitig entlassen werden.

Wenn die Führung des Minderjährigen in der Anstalt, in der er sich befindet, Anlaß zu der Vermutung gibt, es handle sich um einen verkommenen oder gefährlichen Menschen, so kann das Gericht, nachdem es die erforderlichen Feststellungen getroffen hat, den Aufenthalt des Minderjährigen in der Anstalt bis zur Vollendung seines einundzwanzigsten Lebensjahres verlängern[6]).

Art. 37. Für den vierzehn, aber noch nicht achtzehn Jahre alten Minderjährigen gelten die folgenden Bestimmungen:

a) Zieht das begangene Verbrechen eine Strafe nach sich, die Anlaß zur bedingten Verurteilung[7]) geben kann, so ist das Gericht befugt, die Unterbringung des Minderjährigen in einer Besserungsanstalt anzuordnen, wenn es unschicklich oder gefährlich ist, den Minderjährigen bei[8]) seinen Eltern, Vormündern, Schutzpersonen[9]) oder bei anderen Personen zu belassen.

Das Gericht kann die Unterbringung bis zum vollendeten einundzwanzigsten Lebensjahr anordnen. Es kann den Minderjährigen vorzeitig freilassen, aber auch die Freilassung bis zu der festgesetzten Höchstdauer[10]) hinausschieben, wenn eine geringere Dauer angeordnet war, sofern es sich nach den Verhältnissen des Minderjährigen als erforderlich erweist.

b) Zieht das Verbrechen eine höhere Strafe nach sich, so ist das Gericht befugt, die Strafe nach der Vorschrift über die Versuchsbestrafung[11]) herabzusetzen.

---

[1]) Gemeint ist die Überschreitung der in Art. 34 Ziff. 2 bis 7 gezogenen Grenzen für straffreies Handeln. Erforderlich ist eine der dort vorausgesetzten Ausnahmelagen, daß der Täter subjektiv zum Zweck der Verteidigung, Rettung, Pflichterfüllung usw. handelt, dabei aber die für die Straffreiheit dieses Handelns gezogenen Grenzen überschreitet. Das Gesetz sieht diese Überschreitung als fahrlässig an (Oderigo S. 50 Note 127; Mallo I, 242).

[2]) culpa o imprudencia. Allgemeine Vorschriften über Fahrlässigkeit oder Unvorsichtigkeit enthält das gegenwärtige StGB (im Gegensatz zum früheren) nicht. Vgl. die Anm. zu Art. 84 und die Art. 84, 94, 136, 189, 196, 203, 223, 254, 262 und 281.

[3]) Das am 23. März 1955 in Kraft getretene Ges. Nr. 14394 brachte u. a. eine völlige Neuregelung der strafrechtlichen Verantwortlichkeit der Minderjährigen. Siehe darüber in der Einleitung.

[4]) colocación.

[5]) Vgl. S. 54 Anm. 3.

[6]) Die Jugendpflege ist im Gesetz Nr. 10903 vom 21. Oktober 1919 über die Jugendfürsorge (Patronato de Menores) geregelt.

[7]) Vgl. Art. 26 ff.

[8]) en poder de (in der Gewalt von).

[9]) Vgl. Anm. 5.

[10]) d. h. bis zur Vollendung des einundzwanzigsten Lebensjahres.

[11]) Vgl. Art. 42 ff.

Art. 38. Der noch nicht achtzehn Jahre alte Minderjährige kann nicht zum Rückfälligen[1]) erklärt werden.

Art. 39. In allen Fällen, in denen ein Minderjähriger ein Verbrechen begangen hat, kann das Gericht den Eltern die väterliche Gewalt und den Vormündern die Vormundschaft entziehen. Es kann auch den Wechsel der Schutzpersonen[2]) anordnen. Zum Ergreifen dieser Maßnahmen sind die Verhältnisse des Minderjährigen, seiner Eltern, Vormünder oder Schutzpersonen sowie das zu seiner moralischen und erzieherischen Entwicklung Zuträgliche in Betracht zu ziehen.

Art. 40. Die der Zeitdauer oder dem Betrage nach teilbaren Strafen bemißt das Gericht nach den jedem Falle eigentümlichen mildernden oder erschwerenden Umständen und in Übereinstimmung mit den Vorschriften des folgenden Artikels.

Art. 41. Für die Anwendung des vorigen Artikels sind zu beachten

1.[3]). die Art der Handlung, der zu ihrer Ausführung angewendeten Mittel und das Ausmaß des verursachten Schadens sowie der herbeigeführten Gefahr;

2.[4]) das Alter, die Erziehung, die Sitten und die seitherige Führung des Täters, die Art seiner Beweggründe, die ihn zum Begehen des Verbrechens bestimmten, insbesondere die Not oder die Schwierigkeit, den notwendigen Lebensunterhalt für sich und die Seinen zu verdienen, seine Tatbeteiligung[5]), seine Rückfälle[6]), sein sonstiges Vorleben und seine übrigen persönlichen Verhältnisse, wie seine persönlichen Bindungen, die Qualifizierung der Personen[7]) und die zeitlichen und örtlichen Umstände, die Art und Weise sowie der Anlaß der Verbrechensbegehung, die seine größere oder geringere Gefährlichkeit zeigen. Der Richter hat von dem Täter, dem Opfer und den Tatumständen in dem für den Fall erforderlichen Maße unmittelbar und durch Augenschein Kenntnis zu nehmen.

Sechster Abschnitt

Versuch

Art. 42. Wer zum Zweck[8]) der Begehung eines bestimmten Verbrechens mit seiner Ausführung begonnen, es aber infolge von Umständen, die außerhalb seines Willens liegen, nicht vollendet hat, wird gemäß Art. 44 bestraft.

Art. 43. Der Versuchstäter bleibt straflos, wenn er die Ausführung des Verbrechens freiwillig aufgibt.

---

1) Vgl. Art. 50 ff.

2) Vgl. S. 54 Anm. 3.

3) Objektive Strafzumessungsgründe.

4) Subjektive Strafzumessungsgründe.

5) s. Art. 45 ff.

6) s. Art. 50 ff.

7) des Täters oder des Verletzten (z. B. Verwandten-, Ehegatteneigenschaft, Stellung einer Autoritäts- oder Vertrauensperson, uneheliche Mutter usw.).

8) fin: erläutert mit propósito = Entschluß, Absicht.

Art. 44. Die Strafe für das vollendete Verbrechen[1]) wird um ein Drittel bis um die Hälfte gemindert.

Bei lebenslangem Zuchthaus ist die Versuchsstrafe Zuchthaus von fünfzehn bis zu zwanzig Jahren.

Bei lebenslangem Gefängnis ist die Versuchsstrafe Gefängnis von zehn bis zu fünfzehn Jahren.

Wenn die Ausführung des Verbrechens unmöglich war[2]), so wird die Strafe auf die Hälfte gemindert. Je nach der von dem Verbrecher gezeigten Gefährlichkeit kann sie auch auf das gesetzliche Mindestmaß herabgesetzt oder kann von Strafe abgesehen werden.

Siebenter Abschnitt

Verbrechensbeteiligung

Art. 45. Wer an der Ausführung der Tat selbst beteiligt gewesen ist oder dem Täter oder den Tätern Beistand oder Mithilfe[3]), ohne die die Tat nicht hätte begangen werden können, geleistet hat, wird mit der auf das Verbrechen angedrohten Strafe bestraft. Ebenso wird bestraft, wer einen andern unmittelbar bestimmt hat, das Verbrechen zu begehen[4]).

Art. 46. Wer auf andere Weise bei der Ausführung der Tat mithilft oder wer in Erfüllung eines vor der Tat gegebenen Versprechens nachträglich Unterstützung leistet[5]), wird mit der um ein Drittel bis um die Hälfte geminderten Strafe für das Verbrechen[6]) bestraft. Beträgt die Strafe für das Verbrechen lebenslanges Zuchthaus, so ist auf Zuchthaus von fünfzehn bis zu zwanzig Jahren, beträgt sie hingegen lebenslanges Gefängnis, so ist auf Gefängnis von zehn bis zu fünfzehn Jahren zu erkennen[7]).

Art. 47. Ergibt sich aus den besonderen Umständen des Falles, daß der der Beihilfe Angeklagte nur zu einer weniger schweren als der vom Täter begangenen Tat Mithilfe leisten wollte, so ist er nur auf Grund der Tat, die er auszuführen versprach, zu bestrafen. Wurde die Tat nicht vollendet, so ist die Strafe des Gehilfen nach den Vorschriften dieses Artikels und denen des Abschnitts über den Versuch festzusetzen.

---

[1]) Wörtlich: „... die dem Täter zukommen würde, wenn er das Verbrechen vollendet hätte ...". Der Wortlaut des Gesetzes geht dahin, daß zunächst die für den hypothetischen Fall der Verbrechensvollendung verwirkte Strafe ermittelt wird, die das Gericht dann um ein Drittel bis um die Hälfte mindern soll. Die Rechtsprechung und ein großer Teil der Literatur legen die Vorschrift wegen praktischer Undurchführbarkeit jener Interpretation dahin aus, daß die angedrohte Strafe im Maximum um ein Drittel, im Minimum um die Hälfte herabgesetzt werden soll, so daß ein neuer Strafrahmen für die Versuchsstrafe entsteht.

[2]) Dazu zählen auch die Fälle des Mangels am Tatbestand.

[3]) auxilio o cooperación.

[4]) s. u. Anm. 7.

[5]) Vgl. Art. 277: ohne solches Versprechen liegt Begünstigung bzw. Hehlerei vor.

[6]) Wörtlich: „... mit der dem Verbrechen zukommenden Strafe, die ... gemindert ist ..." Vgl. dazu o. Anm. 1.

[7]) Art. 45 und 46 unterscheiden in Anlehnung an das spanische Recht (vgl. Art. 12, 14, 16, 17 span. StGB) folgende Formen der Verbrechensbeteiligung: 1. (Mit-)Täter i. e. S. (die unmittelbar Ausführenden); 2. Mitwirkende, die wegen der Wichtigkeit ihres Tatbeitrages noch zu den Tätern gezählt werden; 3. Anstifter (intellektuelle Urheber; gelten ebenfalls als Täter); 4. sonstige Gehilfen, die ihre Unterstützung vor oder bei der Tatausführung leisten; 5. Gehilfen (= Hehler oder Begünstiger), die ihre nach der Tat geleistete Unterstützung vor oder während der Tatausführung versprochen hatten (im voraus zugesagte Beihilfe nach der Tat). 2. und 4. unterscheiden sich nur dadurch, daß die Hilfeleistung im ersten Fall zur Tatausführung erforderlich ist, im zweiten hingegen nicht.

Art. 48. Die persönlichen Verhältnisse, Umstände und Eigenschaften, die die Strafbarkeit mindern oder ausschließen, wirken nur für den Täter oder Gehilfen, bei dem sie vorliegen. Erhöhen sie die Strafbarkeit, so wirken sie nur gegen den Teilnehmer, dem sie bekannt sind.

Art. 49. Es wird nicht als Teilnehmer an einem mittels der Druckerpresse begangenen Verbrechen angesehen, wer lediglich dem Verfasser eines Schriftwerkes oder graphischen Werkes die zu dessen Veröffentlichung, Verbreitung oder Verkauf erforderliche tatsächliche Mithilfe[1]) bei der Ausführung des Verbrechens geleistet hat.

Achter Abschnitt
Rückfall

Art. 50. Rückfall liegt vor, wenn der durch rechtskräftiges Urteil eines Gerichts des Landes zu einer Freiheitsstrafe Verurteilte ein neues Verbrechen begeht, auch wenn er begnadigt oder seine Strafe umgewandelt[2]) worden ist[3]).

Die im Ausland erlittene Verurteilung ist für den Rückfall in Betracht zu ziehen, wenn sie wegen eines Verbrechens, das nach argentinischem Recht zur Auslieferung Anlaß geben kann, ausgesprochen worden ist.

Für die Anwendung der Rückfallvorschriften bleiben die militärischen und die politischen sowie die amnestierten Verbrechen außer Betracht.

Die frühere Verurteilung ist bei Beurteilung der Rückfälligkeit des Angeklagten nicht zu beachten, wenn die auf das Doppelte, jedoch um nicht mehr als zehn Jahre erhöhten Fristen des Art. 65 verstrichen sind[4]).

Art. 51. Der zum zweiten Male Rückfällige, der zu einer zwei Jahre übersteigenden Freiheitsstrafe verurteilt worden ist, verbüßt seine Strafe mit Einschließung[5]) an einem Ort in den Gebietsteilen des Südens.

Die Freiheitsstrafe, die gegen den Angeklagten wegen eines vor Vollendung des einundzwanzigsten Lebensjahres begangenen Verbrechens verhängt worden ist, darf ihm nicht zum Zwecke der Straferschwerung angerechnet werden.

Art. 52.[6]) Zusätzlich[7]) zur letzten Verurteilung wird auf Einschließung[8]) von unbestimmter Dauer erkannt, wenn

[1]) cooperación material = tatsächliche Mitwirkung im Gegensatz zu cooperación espiritual = geistige Mitwirkung (z. B. Anstiftung).

[2]) in eine mildere Strafe.

[3]) Nach Art. 83 Ziff. 6 der Verfassung steht das Recht der Begnadigung oder der Strafumwandlung dem Präsidenten der Republik (nach Anhören des betreffenden Gerichts) zu.

[4]) Der frühere Art. 53 wurde durch Art. 2 des decreto-ley Nr. 20942 vom 3. Aug. 1944 (ratifiziert durch das Gesetz Nr. 12997 vom 23. Aug. 1947) als Abs. 4 in Art. 50 eingefügt.

[5]) reclusión. Da reclusión auch die schwerste Strafart (Zuchthaus) bezeichnet, ist es umstritten, ob die Strafe für den zweiten Rückfall stets eine Zuchthausstrafe ist.

[6]) In der Fassung des decreto-ley Nr. 20942 vom 3. August 1944 (ratifiziert durch das Gesetz Nr. 12997 vom 23. Aug. 1947.)

[7]) accesoria.

[8]) reclusión. Vgl. oben Anm. 5. Die Frage ist hier (anders als bei Art. 51, wo der Strafcharakter nicht in Zweifel gezogen wird), ob es sich um eine Sicherungsmaßnahme oder um eine (Zuchthaus-)Strafe handelt. Im Entwurf der Abgeordnetenkammer fand sich die Bezeichnung relegación (Verbannung, Verweisung), die das Gesetz auch bis zur Neufassung (vgl. Anm. 6) in Abs. 2 des Art. 52 enthielt. Überwiegend wird in der reclusión eine (akzessorische) Sicherungsmaßnahme gesehen (so von Mallo I 356 ff. und von Gómez I 332 ff. unter Hinweisen auf die Rechtsprechung). § 7 wird auf die reclusión des Art. 52 angewendet.

1. zwei Verurteilungen zu Zuchthausstrafen oder eine zu einer Zuchthaus- und eine zu einer Gefängnisstrafe von mehr als drei Jahren oder
2. drei Verurteilungen zu Gefängnisstrafen von mehr als drei Jahren oder eine zu einer Zuchthausstrafe von mehr als drei Jahren und zwei zu Gefängnisstrafen bis zu drei Jahren oder
3. vier Verurteilungen zu Gefängnisstrafen, von denen eine mehr als drei Jahre beträgt, oder
4. fünf Verurteilungen zu Gefängnisstrafen bis zu drei Jahren vorausgegangen sind.

In den Fällen des Zusammentreffens von Verbrechen[1]) ist zusätzlich[2]) zur Verurteilung auf Einschließung[3]) zu erkennen, wenn wenigstens fünf Verbrechen abgeurteilt und für zwei von ihnen Gefängnisstrafen von mehr als drei Jahren festgesetzt worden sind.

Die Gerichte können die Anwendung dieser zusätzlichen[2]) Maßnahme in den Fällen geringerer Gefährlichkeit in der Person des Verurteilten einmal aufschieben.

Art. 53.[4]). Das Gericht, das den Bestraften in letzter Instanz verurteilt oder auf eine einheitliche Strafe[5]) erkann hat, kann ihm nach Verbüßung von zehn Jahren der zusätzlichen[2]) Einschließung[3]) in den Fällen der Ziffern 1 und 2 des Art. 52 oder von fünf Jahren im Falle der Ziffern 3 und 4 und des letzten Absatzes[6]) desselben Artikels die bedingte Entlassung nach vorheriger Stellungnahme der Verwaltungsbehörde, der der Vollzug der Sanktion[7]) obliegt, unter den in Art. 13 dieses Gesetzbuchs niedergelegten verpflichtenden Bedingungen, sofern der Verurteilte gute Führung sowie Eignung und Gewohnheit zur Arbeit bewiesen hat und wahrscheinlich keine Gefahr für die Gesellschaft mehr darstellt, gewähren. Nach fünf Jahren überwachter Freiheit kann der Verurteilte bei dem Gericht, das die Freilassung gewährt hat, um endgültige Freilassung nachsuchen. Das Gericht entscheidet nach dem Ergebnis der Bewährungszeit und nach vorheriger Stellungnahme der Fürsorgeorganisation[8]), der Einrichtung oder der Vertrauensperson, die mit der Überwachung der Tätigkeit des Freigelassenen betraut war. Die zu der zusätzlichen Sanktion von unbestimmter Dauer Verurteilten müssen die Sanktion in nationalen Anstalten verbüßen.

Erfüllt der Freigelassene eine der Bedingungen des Art. 13 nicht, so können die ihm gewährte Wohltat[9]) widerrufen und der Freigelassene wieder in den früheren Vollzug eingegliedert werden. Nach Ablauf von fünf Jahren seit seiner Wiedereinweisung kann er in den Fällen der Ziffern 1, 2, 3 und 5 des Art. 13 erneut um seine Freilassung unter Überwachung nachsuchen.

---

[1]) Gemeint ist nur der Fall der Realkonkurrenz, Art. 55 (Gómez I 336; Oderigo S. 75 Note 208).
[2]) accesoria.
[3]) Vgl. S. 49 Anm. 8.
[4]) Eingefügt durch Art. 3 des in Anm. 6 auf S. 49 genannten decreto-ley.
[5]) in den Fällen des Art. 52 II.
[6]) Gemeint ist offenbar Absatz 2.
[7]) sanción.
[8]) Patronato.
[9]) der bedingten Entlassung.

Neunter Abschnitt

Zusammentreffen von Verbrechen

Art. 54. Fällt eine Handlung unter mehr als eine Strafbestimmung, so ist nur die anzuwenden, die die schwerste Strafe androht.

Art. 55. Treffen mehrere selbständige Handlungen, die mit gleichartigen Strafen bedroht sind, zusammen, so ist das Mindestmaß der in solchem Falle gegen den Angeklagten zu verhängenden Strafe gleich dem Mindestmaß der schwersten Strafe und das Höchstmaß gleich der Summe, die sich aus der Häufung der Strafen für die verschiedenen Handlungen ergibt[1]). Jedoch darf diese Summe das gesetzliche Höchstmaß für die Strafart[2]), um die es sich handelt, nicht übersteigen.

Art. 56. Treffen mehrere selbständige Handlungen, die mit teilbaren Strafen[3]) unterschiedlicher Art bedroht sind, zusammen, so ist auf die schwerste angedrohte Strafe zu erkennen, wobei die mit geringerer Strafe bedrohten Verbrechen in Betracht zu ziehen sind[4]).

Ist eine der Strafen nicht teilbar, so ist auf diese allein zu erkennen, außer wenn lebenslanges Gefängnis und zeitiges Zuchthaus zusammentreffen; in diesem Falle ist auf lebenslanges Zuchthaus zu erkennen.

Auf die Aberkennung oder Beschränkung von Rechten und Fähigkeiten ist unabhängig von der Vorschrift des Absatzes 1 zu erkennen.

Art. 57. Die verhältnismäßige Schwere der Strafen unterschiedlicher Art im Sinne des vorigen Artikels wird nach der Reihenfolge, in der sie in Art. 5 aufgezählt sind, bestimmt.

Art. 58. Die vorhergehenden Bestimmungen sind auch anzuwenden, wenn nach einer durch rechtskräftiges Urteil ausgesprochenen Bestrafung dieselbe Person, die noch Strafe zu verbüßen hat, wegen einer anderen Handlung abzuurteilen ist oder wenn zwei oder mehr rechtskräftige Urteile ohne Beachtung der genannten Bestimmungen ergangen sind. Der Richter, der die schwerste Strafe verhängt hat, ist zuständig, auf Antrag der Partei[5]) ein einheitliches Urteil ohne Änderung der in den anderen Urteilen enthaltenen tatsächlichen Feststellungen zu fällen.

Wenn die Bundesgerichtsbarkeit diese Regel in einem Verfahren, in das sie eingegriffen hat, nicht anwenden kann, so tut dies je nach dem Fall die ordentliche nationale oder provinziale Gerichtsbarkeit, die über die Straftat erkannt hat.

---

[1]) Kumulation (Oderigo S. 81 Note 226).

[2]) Das Höchstmaß der zeitigen Zuchthaus- oder Gefängnisstrafe beträgt nach dem StGB 25 Jahre (vgl. Art. 79, 82, 124, 191 Ziff. 4, 194, 199, 200 und 214), das der zeitigen Aberkennung oder Beschränkung von Rechten und Fähigkeiten 12 Jahre (Art. 287). Für die Geldstrafe kennt das StGB kein Höchstmaß (vgl. Art. 260 u. 262); daher wird wohl überwiegend angenommen, daß Geldstrafen bis zu unbegrenzter Höhe kumuliert werden dürfen (Oderigo S. 80 Note 222; Mallo I 377 unter Ablehnung der Ansicht, das Höchstmaß betrage 100 000 Pesos, weil ein Gesetz — Nr. 11 210 — eine solche Geldstrafe androhe).

[3]) Die im StGB angedrohten Strafen sind bis auf lebenslanges Zuchthaus oder Gefängnis (Art. 80, 214, 215 u. 227) teilbar. — Die Einschließung von unbestimmter Dauer in Art. 52 und die dauernde umfassende Aberkennung oder Beschränkung von Rechten und Fähigkeiten (Art. 214, 257, 261, 268 u. 269) sind akzessorisch und werden daher nicht mit andern Strafen zusammengerechnet (Oderigo S. 81 Note 225).

[4]) Absorption (Oderigo S. 81 Note 226).

[5]) Eines Parteiantrags bedarf es nicht, wenn sich im Verfahren herausstellt, daß ein früheres rechtskräftiges Urteil vorliegt; dann ist das einheitliche Urteil von Amts wegen zu fällen (Oderigo S. 84 Note 236; Mallo I 388). Die Vorschrift meint den Fall, daß mehrere Urteile vorhanden sind und nunmehr eine Gesamtstrafe durch neues Urteil gebildet werden soll (Mallo a. a. O.).

Zehnter Abschnitt

Erlöschen der Klagen und der Strafen

Art. 59. Die Strafklage erlischt
1. durch den Tod des Beschuldigten,
2. durch Amnestie,
3. durch Verjährung,
4. bei den Privatklageverbrechen durch Verzicht des Verletzten.

Art. 60. Der Verzicht des Verletzten auf die Ausübung der Strafklage[1]) wirkt nur gegen den Verzichtenden und seine Erben.

Art. 61. Die Amnestie tilgt die Strafklage und beseitigt die Verurteilung mit all ihren Folgen[2]), ausgenommen die Schadenersatzverpflichtungen gegenüber Privaten.

Art. 62. Die Strafklage verjährt
1. in fünfzehn Jahren bei Verbrechen, auf die lebenslange Zuchthaus- oder Gefängnisstrafe angedroht ist;
2. nach Ablauf der Höchstdauer der angedrohten Strafe bei Handlungen, die mit einer Zuchthaus- oder Gefängnisstrafe bedroht sind, spätestens jedoch nach zwölf Jahren und frühestens nach zwei Jahren;
3. in fünf Jahren bei einer Handlung, die nur mit dauernder Aberkennung oder Beschränkung von Rechten und Fähigkeiten bedroht ist;
4. in einem Jahr bei einer Handlung, die nur mit zeitiger Aberkennung oder Beschränkung von Rechten und Fähigkeiten bedroht ist;
5. in zwei Jahren bei Handlungen, die mit einer Geldstrafe von mehr als zweitausend Pesos bedroht sind;
6. in einem Jahr bei Handlungen, die mit einer Geldstrafe bis zu zweitausend Pesos bedroht sind.

Art. 63. Die Verjährung der Klage beginnt um Mitternacht des Tages, an dem das Verbrechen begangen wurde, oder, wenn es ein fortgesetztes Verbrechen war, an dem seine Begehung endete.

Art. 64. Die Strafklage wegen eines mit Geldstrafe bedrohten Verbrechens erlischt in jeder Lage des Verfahrens durch freiwillige Zahlung[3]) des Höchstbetrages der Geldstrafe für das Verbrechen und des Schadenersatzes, den das Verbrechen veranlaßt hat[4]).

Art. 65. Die Strafen verjähren in folgenden Fristen:
1. die lebenslange Zuchthausstrafe in zwanzig Jahren,
2. die lebenslange Gefängnisstrafe in zwanzig Jahren,
3. eine zeitige Zuchthaus- oder Gefängnisstrafe in einer der Strafdauer gleichen Zeit,

---

[1]) Der Verzicht auf die Strafklage gilt als erklärt, wenn der Verletzte auf die Zivilklage verzichtet oder eine Vereinbarung über die Zahlung des Schadens (Vergleich) abschließt (Art. 1097 des Zivilgesetzbuchs), selbst dann, wenn der Vergleich mit einem lediglich zivilrechtlich verantwortlichen Dritten geschlossen wird (Oderigo S. 85 Note 242).

[2]) Die vorher als Verbrechen angesehene Handlung hört auf, ein solches (eine strafbare Handlung) zu sein (Oderigo S. 86 Note 244, Mallo I 410).

[3]) Pago voluntario; auch oblación voluntaria genannt. Auf die freiwillige Zahlung ergeht eine Einstellungsverfügung (ein Einstellungsbeschluß). Die freiwillige Zahlung bedeutet kein Anerkenntnis strafrechtlicher Verantwortlichkeit durch den Beschuldigten; daher kann dem Beschuldigten die Begehung des Verbrechens nicht zugerechnet werden (z. B. für den Widerruf einer bedingten Verurteilung) (Oderigo S. 89 Note 252).

[4]) Wenn er im Augenblick der freiwilligen Zahlung gerichtlich eingefordert gewesen ist (Oderigo S. 89 Note 253).

4. eine Geldstrafe von über zweitausend Pesos in drei Jahren,
5. eine Geldstrafe bis zu zweitausend Pesos in einem Jahr.

Art. 66. Die Verjährung der Strafe beginnt um Mitternacht des Tages, an dem dem Angeklagten das rechtskräftige Urteil zugestellt worden ist[1]), oder mit der Unterbrechung des Strafvollzugs, wenn dieser begonnen hat.

Art. 67.[2]) Die Verjährung ist bei Verbrechen, für deren Aburteilung die Entscheidung über Vorfragen[3]), über die in einem anderen Verfahren erkannt werden muß, erforderlich ist, gehemmt. Sobald der Grund der Hemmung wegfällt, nimmt die Verjährung ihren Fortgang.

Die Verjährung wird durch das Begehen eines anderen Verbrechens oder durch Handlungen, die zur Durchführung des Verfahrens vorgenommen werden[4]), unterbrochen.

Die Verjährung läuft für jeden Teilnehmer an dem Verbrechen gesondert und wird für jeden gesondert gehemmt oder unterbrochen.

Art. 68. Die Begnadigung[5]) des Angeklagten tilgt die Strafe und ihre Folgen mit Ausnahme der Schadenersatzverpflichtungen gegenüber Privaten[6]).

Art. 69. Die Verzeihung durch den Verletzten tilgt die wegen eines der in Art. 73 genannten Verbrechen verhängte Strafe.

Die einem von mehreren Teilnehmern gewährte Verzeihung kommt auch den anderen zugute.

Art. 70. Wegen der mit den Strafen verbundenen vermögensrechtlichen Schadenersatzverpflichtungen[7]) kann in das Vermögen des Verurteilten auch nach seinem Tode vollstreckt werden.

---

1) Es genügt Zustellung an den Verteidiger (Oderigo S. 90 Note 257).

2) In der Fassung des Gesetzes Nr. 13569 vom 13. Oktober 1949 (über die Änderung der Artikel 67, 89, 219, 244 und 245). Die Neufassung brachte die Hemmung der Verjährung.

3) cuestiones previas o prejudiciales. Cuestiones prejudiciales sind die in Art. 1104 des Zivilgesetzbuchs genannten:

„Wenn die Strafklage von Vorfragen, deren Entscheidung ausschließlich dem Zivilrichter zusteht, abhängt, findet keine Verurteilung im Strafverfahren statt, bevor nicht das Zivilurteil rechtskräftig geworden ist. Vorfragen sind nur die,

1. die sich über die Gültigkeit oder Nichtigkeit von Ehen ergeben,
2. die sich über die Qualifikation des Bankbruchs der Kaufleute ergeben."

Alle anderen Vorfragen (z. B. Ehescheidung bei Ehebruch) werden cuestiones previas genannt. Die präjudiziellen Vorfragen sind selten. Ziff. 2 des Art. 1104 des Zivilgesetzbuchs ist durch die Reform des Handelsgesetzbuchs inzwischen überholt (Gómez I 448).

4) por la secuela del juicio. Dieser unklare Ausdruck wurde durch das Gesetz Nr. 13569 (siehe oben Anm. 2) eingefügt (übernommen aus dem Entwurf Coll-Gómez von 1937, Art. 109 Abs. 2). Gemeint ist die Vornahme von Prozeßhandlungen, die dem Verfahren einen rechtlich bedeutsamen Fortgang geben (nicht lediglich solcher, die nur für das Verfahren irgendwie nützlich sind). Der Ausdruck wurde gewählt, um der Schwierigkeit, zu bestimmen, was Prozeßhandlungen sind, aus dem Weg zu gehen (Gómez I 448 ff., insbesondere 456/457, 460).

5) Vgl. S. 49 Anm. 3.

6) Nur die Strafe mit ihren Folgen erlischt, nicht auch die Strafbarkeit der Handlung und die sich daraus ergebenden Folgen (z. B. im Hinblick auf Art. 13, 26, 50). Folgen der Strafe, die erlöschen, sind z. B. die in Art. 12, 19, 20 genannten.

7) Leistungen, zu denen das Urteil gemäß Art. 29 verpflichtet (Oderigo S. 93 Note 264). — Die Verpflichtung zur Zahlung der Geldstrafe geht hingegen nicht auf die Erben über (Mallo I 438).

Elfter Abschnitt

Vom Erheben der Klagen

Art. 71. Alle Strafklagen müssen von Amts wegen eingeleitet werden mit Ausnahme

1. der Klagen, die von einem privaten Antrag[1]) abhängen,
2. der Privatklagen.

Art. 72. Von einem privaten Antrag abhängig sind die Klagen aus Vergewaltigungen, Verführungen, Entführungen und Verletzungen des Schamgefühls, wenn nicht die verletzte Person getötet oder in der in Art. 91 genannten Art verletzt worden ist.

In den Fällen dieses Artikels wird das Verfahren nur auf Grund einer Anklage oder Anzeige[2]) des Verletzten oder seines Vormundes, seiner Schutzperson[3]) oder seiner gesetzlichen Vertreter eingeleitet. Es wird jedoch von Amts wegen verfahren, wenn das Verbrechen gegen einen Minderjährigen, der weder Eltern noch einen Vormund oder eine Schutzperson[3]) hat, begangen wurde oder wenn der Täter ein Verwandter aufsteigender Linie, ein Vormund oder eine Schutzperson[3]) des Minderjährigen ist.

Art. 73. Die Klagen aus

1. dem Ehebruch,
2. den Verleumdungen und Beleidigungen,
3. der Verletzung von Geheimnissen mit Ausnahme der Fälle des Art. 154,
4. dem unlauteren Wettbewerb des Art. 159,
5.[4]) der Nichterfüllung von Familienunterhaltspflichten, wenn der Verletzte der Ehegatte ist,

sind Privatklagen.

Art. 74. Die Klage wegen Ehebruchs steht nur dem verletzten Ehegatten zu, der die beiden Schuldigen anklagen muß, aber die Strafklage nicht anstrengen kann, solange nicht die Ehe wegen des Ehebruchs geschieden ist. Das Urteil im Ehescheidungsverfahren hat keine Wirkung im Strafverfahren.

Der Ehegatte, der in den Ehebruch eingewilligt oder ihn verziehen hat, hat kein Recht, die Klage zu erheben.

Der Tod des verletzten Ehegatten tilgt die Strafklage und beendet die Strafvollstreckung.

Art. 75. Die Klage wegen Verleumdung oder Beleidigung kann nur von dem Verletzten und nach seinem Tode von seinem überlebenden Ehegatten oder seinen überlebenden Kindern, Enkeln oder Eltern erhoben werden.

---

[1]) Zurücknahme des Antrags ist nicht möglich, sobald die Strafklage in Lauf gesetzt ist (Oderigo S. 94 Note 265).

[2]) acusación o denuncia.

[3]) guardador. Nach Gómez I 498 kein gesetzlicher, sondern ein tatsächlicher Vertreter: Wer unter seinem Schutz und seiner Fürsorge einen Geschäftsunfähigen hat, d. h. die tatsächliche Gewalt über ihn ausübt.

[4]) Ziff. 5 wurde durch Gesetz Nr. 13944 vom 9. Oktober 1950 über die Verletzung von Familienunterhaltspflichten eingefügt.

Art. 76. In den anderen Fällen des Art. 73 wird nur auf Klage oder Anzeige[1]) des Verletzten oder seiner Schutzperson[2]) oder gesetzlichen Vertreter verfahren.

Zwölfter Abschnitt

Erläuterung von Begriffen, die in diesem Gesetzbuch verwendet werden

Art. 77. Zum Verständnis dieses Gesetzbuchs sind folgende Vorschriften zu beachten:

Die in diesem Gesetzbuch genannten Fristen werden nach den Bestimmungen des Zivilgesetzbuchs berechnet.

Die Ausdrücke „Verordnungen“ oder „Anordnungen“[3]) umfassen alle Bestimmungen allgemeinen Charakters, die von der für das betreffende Sachgebiet zuständigen Behörde erlassen worden sind.

Mit den in diesem Gesetzbuch verwendeten Ausdrücken „öffentlicher Amtsträger“ und „öffentlicher Bediensteter“[4]) wird jeder, der im Einzelfall[5]) oder ständig mit der Ausübung öffentlicher Befugnisse befaßt ist, sei es auf Grund einer öffentlichen Wahl oder einer Ernennung durch die zuständige Behörde, bezeichnet.

Mit dem Wort „Ware“ wird jede Art von Sachen, die verkauft werden können, bezeichnet.

Unter „Kapitän“ wird jeder Befehlshaber eines Schiffes oder sein Stellvertreter verstanden.

Unter „Mannschaft“ werden alle, die sich als Offiziere oder Matrosen an Bord befinden, verstanden.

Art. 78. Im Begriff der „Gewalt“[6]) ist die Anwendung hypnotischer oder betäubender Mittel eingeschlossen.

ZWEITES BUCH

Von den Verbrechen

Erster Abschnitt

Verbrechen gegen Personen

Erstes Kapitel

Verbrechen gegen das Leben

Art. 79. Wer einen andern tötet, wird mit Zuchthaus oder Gefängnis von acht bis zu fünfundzwanzig Jahren bestraft, sofern dieses Gesetz keine andere Strafe androht.

---

[1]) querella o denuncia. Der Ausdruck denuncia (Anzeige) ist hier fehl am Platze, denn es handelt sich um Privatklagedelikte, die nicht durch die Staatsanwaltschaft angeklagt werden können; da die Anzeiger nicht Parteien sind, würde es in solchem Falle an einem Kläger fehlen (Oderigo S. 96/97 Note 271 ff.).

[2]) Vgl. S. 54 Anm. 3.

[3]) „reglamentos“ u. „ordenanzas“. Beide Ausdrücke sind gleichbedeutend „Verordnung“.

[4]) „funcionario público“ y „empleado público“.

[5]) accidental.

[6]) violencia: zuweilen nur körperliche Gewalt, häufig auch psychische Gewalt (Zwang). Vgl. Art. 87, 95, 125, 126, 142, 158, 164, 166, 168, 181, 198, 199.

Art. 80. Mit lebenslangem Zuchthaus oder lebenslangem Gefängnis wird bestraft, wer

1. einen Verwandten aufsteigender oder absteigender Linie oder seinen Ehegatten tötet und dabei um dessen Verwandten- oder Ehegatteneigenschaft weiß,
2. einen anderen heimtückisch oder in Wut, gegen Lohn oder das Versprechen eines Lohnes, durch schwere Grausamkeiten, aus roher Verkommenheit oder durch Gift, Brandstiftung, Überschwemmung, Zugentgleisung, Explosion oder ein anderes Mittel, das große Verheerungen verursachen kann, tötet;
3. einen anderen tötet, um ein sonstiges Verbrechen vorzubereiten, zu erleichtern, zu vollenden oder zu verheimlichen oder um sich oder seinen Mithelfern den Erfolg des Verbrechens zu sichern oder sich oder sie der Strafe zu entziehen oder weil er nicht den Erfolg, den er beabsichtigte, als er die andere Straftat unternahm, erzielt hat.

Die Vorschrift des Art. 52 kann angewendet werden.

Art. 81.

1. Mit Zuchthaus von drei bis zu sechs Jahren oder Gefängnis von einem Jahr bis zu drei Jahren wird bestraft, wer
   a) einen anderen in einem durch die Umstände entschuldbaren Zustande heftiger Gemütsbewegung tötet;
   b) mit dem Vorsatz[1]) handelt, einen anderen am Körper oder an der Gesundheit zu schädigen, und dabei dessen Tod herbeiführt, sofern das angewendete Mittel den Tod vernünftigerweise nicht verursachen durfte.
2. Mit Zuchthaus bis zu drei Jahren oder Gefängnis von sechs Monaten bis zu zwei Jahren werden die Mutter, die, um ihre Schande zu verheimlichen, ihr Kind während der Geburt oder während sie sich unter dem Einfluß der Geburt befindet, tötet, und die Eltern, die Geschwister, der Ehegatte und die Kinder, die, um die Schande ihrer Tochter, Schwester, Gattin oder Mutter zu verheimlichen, das gleiche Verbrechen unter den in Ziff. 1 a dieses Artikels bezeichneten Umständen begehen, bestraft.

Art. 82. Wird die in Ziffer 1 des Art. 80 genannte Tat unter den Voraussetzungen der Ziffer 1 des vorhergehenden Artikels begangen, so ist auf Zuchthaus oder Gefängnis von zehn bis zu fünfundzwanzig Jahren zu erkennen.

Art. 83. Wer einen anderen zum Selbstmord anstiftet oder ihm beim Selbstmord hilft, wird, wenn die Tat versucht oder vollendet worden ist, mit Gefängnis von einem Jahr bis zu vier Jahren bestraft.

Art. 84. Wer durch Unvorsichtigkeit, Nachlässigkeit, Unerfahrenheit in seinem Gewerbe[2]) oder Beruf oder durch Nichtbeachten der Vorschriften[3]) oder Pflichten seiner Stellung den Tod eines anderen verursacht, wird

---

[1]) propósito.
[2]) arte; vgl. Anm. 2 zu Art. 20.
[3]) reglamentos; vgl. Art. 77.

mit Gefängnis von sechs Monaten bis zu zwei Jahren und mit der in seinem Fall anwendbaren besonderen Aberkennung oder Beschränkung von Rechten und Fähigkeiten[1]) von fünf bis zu zehn Jahren bestraft[2]).

Art. 85. Wer abtreibt[3]), wird bestraft.

1. mit Zuchthaus oder Gefängnis von drei bis zu zehn Jahren, wenn er ohne Einwilligung der Frau gehandelt hat. Die Strafe kann bis auf fünfzehn Jahre erhöht werden, wenn die Handlung den Tod der Frau zur Folge hatte;
2. mit Zuchthaus oder Gefängnis von einem Jahr bis zu vier Jahren, wenn er mit Einwilligung der Frau gehandelt hat. Das Höchstmaß der Strafe beträgt sechs Jahre, wenn die Handlung den Tod der Frau zur Folge hatte.

Art. 86. Ärzte, Wundärzte, Hebammen oder Apotheker, die ihre Wissenschaft oder ihr Gewerbe[4]) mißbrauchen oder zusammenwirken, um eine Abtreibung vorzunehmen, werden mit den im vorigen Artikel angedrohten Strafen bestraft; außerdem wird gegen sie die besondere Aberkennung oder Beschränkung von Rechten und Fähigkeiten[5]) für die doppelte Dauer der Strafe verhängt.

---

1) Vgl. Art. 20.

2) Art. 84 enthält den Tatbestand der fahrlässigen Tötung; Unvorsichtigkeit (imprudencia), Nachlässigkeit (negligencia), Unerfahrenheit (impericia) und Nichtbeachten (inobservancia) von Vorschriften oder Pflichten sind die vom Gesetz abschließend aufgezählten Fälle der Fahrlässigkeit. Das Gesetz gibt keine allgemeine Definition der Fahrlässigkeit; es beschränkt sich (ebenso wie etwa in Art. 94, 189 I) auf die Aufzählung der genannten Fälle, die der Doktrin Gelegenheit zur Entwicklung eines allgemeinen Fahrlässigkeitsbegriffs gegeben haben. Die Kasuistik des Gesetzes wird kritisiert. Die Erfordernisse der Kausalität zwischen der Handlung, auf die die genannten Fahrlässigkeitsvoraussetzungen zutreffen, und dem Eintritt des Todes werden (im Anschluß an die französische Theorie und Praxis) nach der sog. Theorie der causa directa aufgestellt. Danach ist eine wirkende Ursache (causa eficiente) erforderlich; sie muß eine unmittelbare, direkte, naheliegende und hauptsächliche sein; lediglich das Setzen einer Bedingung genügt nicht; an die Stelle der Bedingung tritt die hervorbringende Ursache. Die Kausalität darf nicht unterbrochen sein; Mitursachen sind möglich. — Diese „Kausalitätstheorie" gilt für alle Verbrechen. (Angaben nach Oderigo S. 117/118 Note 332; Gómez, II 86, 87 und den dort angeführten Gerichtsentscheidungen).

Unvorsichtigkeit wird definiert als aktive Verletzung der Gebote der Vorsicht (der bei der Vornahme bestimmter Handlungen zu beachtenden Aufmerksamkeit), die sich im Laufe der Zeit durch das soziale Zusammenleben herausgebildet haben, und zwar aus der Erfahrung, die im Durchschnitt Allgemeingut der Glieder einer bestimmten Gesellschaft ist (Oderigo S. 115/116 Note 326). Es wird auch allgemein von der Nichtvoraussicht der voraussehbaren Folgen eines bestimmten willentlichen Verhaltens im Augenblick der Willensbetätigung gesprochen (z. B. Gómez II 82, im Anschluß an Äußerungen der Rspr.), welche Definition dann überhaupt als die des Begriffs der Fahrlässigkeit (culpa) angesehen wird (Gómez a. a. O.).

Nachlässigkeit ist die passive Form der Unvorsichtigkeit, Vernachlässigung der gebotenen Sorgfalt, Nichtrichten der Aufmerksamkeit auf das, worauf sie gerichtet sein muß (Oderigo S. 116 Note 327, Gómez, II 83).

Unerfahrenheit: Fehlende oder ungenügende Fähigkeiten zur Ausübung eines Berufes oder Gewerbes, wodurch die Unkenntnis elementarer Verfahrensweisen bedingt wird; nicht gegeben, wenn die Handlung auf einer wissenschaftlichen Überzeugung beruht (Oderigo S. 116 Note 328).

Grund für die Bestrafung der Unvorsichtigkeit, Nachlässigkeit und Unerfahrenheit ist das Nichtvoraussehen eines voraussehbaren Erfolges (Oderigo S. 116 Noten 326, 327, 328).

Hingegen stellt das Nichtbeachten der Vorschriften oder der Pflichten der Stellung schon für sich allein die Grundlage der Bestrafung dar, sofern die Nichtbeachtung für den Erfolg ursächlich im obengen. Sinne war. Die Erfordernisse der Strafbarkeit sind hier also objektiv ausgestaltet (Oderigo S. 117 Note 331).

3) causare un aborto.

4) arte; vgl. Anm. 2 zu Art. 20.

5) Vgl. Art. 20.

Die von einem bestallten Arzt mit Einwilligung der schwangeren Frau vorgenommene Abtreibung ist nicht strafbar, wenn

1. durch sie eine Gefahr für Leben oder Gesundheit der Mutter verhütet werden sollte und diese Gefahr mit anderen Mitteln nicht zu beseitigen war;
2. die Schwangerschaft aus einer gegen eine geisteskranke[1]) Frau begangenen Vergewaltigung[2]) oder unzüchtigen Handlung[3]) herrührte. In diesem Fall ist für die Abtreibung die Einwilligung des gesetzlichen Vertreters der Frau erforderlich.

Art. 87. Wer gewaltsam[4]) eine Abtreibung verursacht, ohne dies vorgehabt[5]) zu haben, wird, wenn die Schwangerschaft offenkundig oder ihm bekannt war, mit Gefängnis von sechs Monaten bis zu zwei Jahren bestraft.

Art. 88. Eine Frau, die ihre Frucht abtreibt[6]) oder einwilligt, daß ein anderer sie abtreibt, wird mit Gefängnis von einem Jahr bis zu vier Jahren bestraft. Der Versuch der Frau ist nicht strafbar.

Zweites Kapitel

Körperverletzungen

Art. 89. Wer einen anderen am Körper oder an der Gesundheit schädigt, wird mit Gefängnis von einem Monat bis zu einem Jahr bestraft, sofern nicht eine andere Bestimmung dieses Gesetzbuchs anwendbar ist.

Art. 90. Hat die Körperverletzung eine dauernde Schwächung der Gesundheit, eines Sinneswerkzeugs, eines Organs, eines Gliedes oder eine dauernde Behinderung des Sprechvermögens zur Folge oder das Leben des Verletzten gefährdet, ihn für länger als einen Monat arbeitsunfähig gemacht oder ihm eine dauernde Entstellung des Gesichtes verursacht, so ist die Strafe Zuchthaus von einem Jahr bis zu sechs Jahren.

Art. 91. Hat die Körperverletzung eine sicher oder wahrscheinlich unheilbare Krankheit des Geistes oder des Körpers, die dauernde Arbeitsunfähigkeit, den Verlust eines Sinneswerkzeugs, eines Organs oder eines Gliedes, des Gebrauchs eines Organes oder eines Gliedes, des Sprechvermögens oder der Zeugungs- oder Empfängnisfähigkeit zur Folge, so ist auf eine Zuchthaus- oder Gefängnisstrafe von drei bis zu zehn Jahren zu erkennen.

Art. 92. Wird die Tat unter den in Art. 80 genannten Umständen begangen, so ist im Falle des Art. 89 auf eine Strafe von sechs Monaten bis zu zwei Jahren, im Falle des Art. 90 auf eine solche von drei bis zu zehn Jahren und in dem des Art. 91 auf eine solche von drei bis zu fünfzehn Jahren zu erkennen.

Art. 93. Wird die Tat unter den in Ziffer 1 a des Art. 81 genannten Umständen begangen, so ist im Falle des Art. 89 auf eine Strafe von fünfzehn Tagen bis zu sechs Monaten, im Falle des Art. 90 auf eine solche von sechs Monaten bis zu drei Jahren und in dem des Art. 91 auf eine solche von einem Jahr bis zu vier Jahren zu erkennen.

---

[1]) idiota o demente.
[2]) Art. 119 Z. 2.
[3]) atentado al pudor; Art. 127.
[4]) con violencia; vgl. Art. 78 u. S. 76 Anm. 9.
[5]) sin . . . propósito.
[6]) causare su proprio aborto.

Erster Abschnitt. Verbrechen gegen Personen

Art. 94. Wer durch Unvorsichtigkeit[1]) oder Nachlässigkeit, Unerfahrenheit in seinem Gewerbe[2]) oder Beruf oder Nichtbeachten der Vorschriften[3]) oder Pflichten seiner Stellung einen anderen am Körper oder an der Gesundheit beschädigt, wird mit Geldstrafe von zweihundert bis zu tausend Pesos und besonderer Aberkennung oder Beschränkung von Rechten und Fähigkeiten[4]) bestraft[5]).

Drittes Kapitel.

Totschlag oder Körperverletzungen bei Schlägereien

Art. 95. Wenn bei einer Schlägerei oder einem Angriff, woran mehr als zwei Personen teilnehmen, ein Mensch getötet oder in einer in Art. 90 oder 91 bezeichneten Art körperlich verletzt wird, ohne daß feststeht, wer den Tod oder die Körperverletzung verursacht hat, so gelten als Täter alle, die Gewalt[6]) gegen die Person des Verletzten verübt haben. Im Falle des Todes ist auf eine Zuchthaus- oder Gefängnisstrafe von zwei bis zu sechs Jahren und im Falle einer Körperverletzung auf eine solche von einem Jahr bis zu vier Jahren zu erkennen.

Art. 96. Handelt es sich um Körperverletzungen der in Art. 89 genannten Art, so ist auf Gefängnis von vier bis zu einhundertzwanzig Tagen zu erkennen.

Viertes Kapitel

Zweikampf

Art. 97. Von denen, die einen Zweikampf durch Vermittlung von zwei oder mehr volljährigen Sekundanten, die die Waffen auswählen und die sonstigen Regeln der Herausforderung festlegen, ausführen, wird bestraft

1. mit Gefängnis von einem Monat bis zu sechs Monaten, wer seinen Gegner nicht verletzt oder ihm nur eine der in Art. 89 genannten Körperverletzungen zufügt;
2. mit Gefängnis von einem Jahr bis zu vier Jahren, wer seinen Gegner tötet oder ihm eine der in den Art. 90 und 91 genannten Körperverletzungen zufügt.

Art. 98. Von denen, die sich ohne Vermittlung volljähriger Sekundanten, die die Waffen auswählen und die sonstigen Regeln der Herausforderung festlegen, schlagen, wird bestraft,

1. wer seinen Gegner tötet, mit der auf Totschlag angedrohten Strafe;
2. wer ihn körperlich verletzt, mit der dem Täter einer solchen Körperverletzung angedrohten Strafe;
3. wer ihn nicht verletzt, mit Gefängnis von einem Monat bis zu einem Jahr.

Art. 99. Wer einen anderen anstiftet, zu einem Zweikampf aufzureizen oder einen Zweikampf anzunehmen, oder wer einen anderen öffentlich herabsetzt, weil dieser nicht zum Zweikampf herausgefordert oder weil er eine Herausforderung zurückgewiesen hat, wird bestraft

---

[1]) imprudencia.
[2]) arte; vgl. Anm. 2 zu Art. 20.
[3]) reglamentos; vgl. Art. 77.
[4]) Vgl. Art. 20.
[5]) Fahrlässige Körperverletzung. Vgl. wegen der einzelnen Begriffe die Anmerkungen zu Art. 84.
[6]) violencia; vgl. Art. 78.

1. mit Geldstrafe von zweihundert bis zu tausend Pesos, wenn der Zweikampf nicht stattgefunden oder weder den Tod noch eine Körperverletzung oder nur eine Körperverletzung der in Art. 89 bezeichneten Art zur Folge gehabt hat,
2. mit Gefängnis von einem Jahr bis zu vier Jahren, wenn der Tod oder eine Körperverletzung der in den Art. 90 und 91 genannten Art verursacht worden ist.

Art. 100. Wer aus einem Vermögensinteresse oder mit einem anderen unsittlichen Ziel zu einer Herausforderung aufgereizt oder Veranlassung gegeben hat, wird bestraft
1. mit Gefängnis von einem Jahr bis zu vier Jahren, wenn der Zweikampf nicht ausgeführt worden ist oder weder den Tod noch eine Körperverletzung zur Folge gehabt hat;
2. mit Zuchthaus oder Gefängnis von drei bis zu zehn Jahren, wenn der Zweikampf stattgefunden und eine Körperverletzung zur Folge gehabt hat;
3. mit Zuchthaus oder Gefängnis von zehn bis zu fünfundzwanzig Jahren, wenn der Tod eingetreten ist.

Art. 101. Der Zweikämpfer, der zum Schaden seines Gegners die von den Sekundanten festgelegten Regeln verletzt, wird bestraft
1. mit Zuchthaus oder Gefängnis von drei bis zu zehn Jahren, wenn er seinen Gegner körperlich verletzt;
2. mit Zuchthaus oder Gefängnis von zehn bis zu fünfundzwanzig Jahren, wenn er ihn tötet.

Art. 102. Die Sekundanten, die sich bei der Ausführung des Zweikampfes hinterlistig verhalten, werden je nach den eingetretenen Folgen mit den im vorhergehenden Artikel angedrohten Strafen bestraft.

Art. 103. Vereinbaren die Sekundanten einen Zweikampf auf Leben und Tod oder mit Regeln, die den Tod zur Folge haben müssen, so werden sie mit Zuchthaus oder Gefängnis von einem Jahr bis zu vier Jahren bestraft, wenn der Tod eines Zweikämpfers eintritt. Tritt der Tod nicht ein, so ist auf Geldstrafe von zweihundert bis zu eintausend Pesos zu erkennen.

Fünftes Kapitel

Waffenmißbrauch

Art. 104. Wer eine Schußwaffe auf einen Menschen abfeuert, ohne ihn zu verwunden, wird mit Gefängnis von einem Jahr bis zu drei Jahren bestraft.

Auf diese Strafe ist auch dann zu erkennen, wenn eine geringer strafbare Verwundung[1]) verursacht wurde, vorausgesetzt, daß die Tat kein schwereres Verbrechen darstellt.

Jeder Angriff mit einer Waffe wird mit Gefängnis von fünfzehn Tagen bis zu sechs Monaten bestraft, auch wenn niemand verwundet wird.

Art. 105. Wird die Tat unter den in Art. 80 oder 81 Ziff. 1 a genannten Umständen begangen, so erhöht oder vermindert sich die Strafe um ein Drittel.

---

1) Art. 89.

Sechstes Kapitel

Verlassen von Personen

Art. 106. Wer eine noch nicht zehn Jahre alte oder wegen Krankheit hilflose[1]) Person, für die oder deren Unterhalt er zu sorgen hat, verläßt, wird mit Gefängnis von sechs Monaten bis zu zwei Jahren bestraft.

Hat das Verlassen einen schweren Schaden am Körper oder an der Gesundheit des Minderjährigen oder des Hilflosen zur Folge, so ist auf Zuchthaus oder Gefängnis von zwei bis zu sechs Jahren zu erkennen.

Tritt der Tod ein, so ist auf eine Zuchthaus- oder Gefängnisstrafe von drei bis zu zehn Jahren zu erkennen.

Art. 107. Das Höchst- und das Mindestmaß der im vorigen Artikel angedrohten Strafen erhöhen sich um je ein Drittel, wenn das Verbrechen von Eltern gegen ihre Kinder oder von diesen gegen jene oder von dem Ehegatten begangen wird. Sie vermindern sich auf je die Hälfte, wenn ein noch nicht drei Tage altes und noch nicht in das Standesregister eingetragenes Kind verlassen wird, um die eigene Ehre oder die der Ehefrau, der Mutter, der Tochter oder der Schwester zu retten.

Art. 108. Wer eine noch nicht zehn Jahre alte oder eine verletzte, schwächliche[2]) oder von einer Gefahr bedrohte Person in verlassener oder hilfloser Lage antrifft und es unterläßt, ihr die notwendige Hilfe zu leisten, obwohl er dies ohne eigene Gefahr tun könnte, oder der Behörde nicht sofort Nachricht gibt, wird mit Geldstrafe von einhundert bis zu fünfhundert Pesos bestraft.

Zweiter Abschnitt

Verbrechen gegen die Ehre[3])

Art. 109. Die Verleumdung oder falsche Anschuldigung, ein Verbrechen, das zu öffentlicher Klage Anlaß gäbe, begangen zu haben, wird mit Gefängnis von einem Jahr bis zu drei Jahren bestraft.

Art. 110.[4]) Wer einen anderen in seiner Ehre herabwürdigt oder in Verruf bringt[5]), wird mit Geldstrafe von einhundert bis zu eintausend Pesos oder mit Gefängnis von einem Monat bis zu einem Jahre bestraft.

Art. 111.[6]) Der einer Beleidigung[7]) Angeklagte kann die Wahrheit der Beschuldigung nur beweisen, wenn

1. die Beschuldigung der Verteidigung oder Gewährleistung eines gegenwärtigen öffentlichen Interesses diente,
2. die dem Verletzten vorgeworfene Tat Anlaß zu einem Strafprozeß gegeben hatte oder
3. der Kläger den Beweis der gegen ihn erhobenen Beschuldigung verlangt.

Der Angeklagte bleibt in diesen Fällen straffrei, wenn die Wahrheit der Beschuldigung bewiesen wird.

---

1) incapaz.
2) inválida.
3) Privatklagedelikte; s. Art. 73, 75.
4) Vgl. auch Art. 244.
5) deshonrare o desacreditare.
6) Vgl. Art. 244 Abs. III in der (inzwischen aufgehobenen) Fassung des Ges. Nr. 13 569 (s. Anm. 1 zu Art. 244).
7) Art. 110.

Art. 112. Der einer zweideutigen oder versteckten Verleumdung[1]) oder Beleidigung[2]) Beschuldigte, der sich weigert, im Prozeß über sie befriedigende Erklärungen zu geben, wird mit einer Strafe vom Mindestmaß bis zur Hälfte der Strafe für die offenkundige[3]) Verleumdung oder Beleidigung bestraft.

Art. 113. Wer die jemandem von einem anderen zugefügte Beleidigung oder Verleumdung bekanntmacht oder wiedergibt, wird als Täter der betreffenden Beleidigung oder Verleumdung bestraft.

Art. 114. Ist die Beleidigung oder Verleumdung durch die Presse in der Hauptstadt oder in den nationalen Gebietsteilen[4]) verbreitet worden, so gelten für die Täter die Strafdrohungen dieses Gesetzes. Der Richter oder das Gericht ordnet, wenn der Verletzte es beantragt, an, daß die Verleger in den betreffenden Druckschriften oder Zeitungen das Urteil oder die Ehrenerklärung auf Kosten des Schuldigen veröffentlichen.

Art. 115. Die von Prozessierenden[5]), Bevollmächtigten oder Verteidigern in den dem Gericht vorgelegten Schriftsätzen oder den vor Gericht gehaltenen Reden oder Plädoyers geäußerten und nicht veröffentlichten Beleidigungen unterliegen lediglich den entsprechenden Ordnungsmaßregeln.

Art. 116. Bei wechselseitigen Beleidigungen kann das Gericht je nach den Umständen beide Parteien oder eine von ihnen für straffrei erklären.

Art. 117. Wer sich einer Beleidigung oder Verleumdung gegen eine Privatperson oder eine Personenvereinigung schuldig gemacht hat, bleibt straffrei, wenn er vor oder in der Erwiderung auf den Klageantrag[6]) öffentlich widerruft.

Dritter Abschnitt

Verbrechen gegen die Sittlichkeit

Erstes Kapitel

Ehebruch[7])

Art. 118. Mit Gefängnis von einem Monat bis zu einem Jahr werden bestraft

1. die Ehefrau, die Ehebruch begeht;
2. der Mittäter der Ehefrau;
3. der Ehemann, der sich innerhalb oder außerhalb der ehelichen Wohnung eine Beischläferin hält;
4. die Beischläferin des Ehemannes.

---

1) Art. 109.

2) Art. 110.

3) manifiesta.

4) Im Gegensatz zu den Provinzen, da dort die Pressegesetzgebung den Provinzialgesetzgebern zusteht. Der argentinische Bundesgesetzgeber kann nur in der Hauptstadt und in den nationalen Gebietsteilen die Pressefreiheit einschränken oder die Presse der Bundesgerichtsbarkeit unterstellen (Oderigo, S. 153 Anm. 466).

5) Dazu gehört auch der Anzeiger (Oderigo S. 154 Anm. 471).

6) querella = der private Klageantrag, mit dem die Privatklage ausgeübt wird. Vgl. auch Art. 71, 73 ff.

7) s. Art. 73, 74.

Zweites Kapitel

Vergewaltigung und Verführung*)

Art. 119.[1]) Wer den Beischlaf[2]) mit einem Menschen gleich welchen Geschlechtes,

1. der jünger als 12 Jahre oder
2. der ohne Verstand oder Bewußtsein ist oder wegen Krankheit oder aus einem anderen Grunde keinen Widerstand leisten kann, oder
3. unter Anwendung von Gewalt oder Einschüchterung

ausübt, wird mit Zuchthaus oder Gefängnis von sechs bis zu fünfzehn Jahren bestraft.

Art. 120.[3]) Wird die Tat an einer unbescholtenen[4]) Frau, die zwölf, aber noch nicht fünfzehn Jahre alt ist, ohne die in Ziffer 2 und 3 des vorigen Artikels genannten Umstände begangen, so ist auf Zuchthaus oder Gefängnis von drei bis zu sechs Jahren zu erkennen.

Art. 121.[5]) Wer den Irrtum einer Frau, der er vortäuscht, er sei ihr Ehegatte, ausnutzt und mit ihr den Beischlaf ausübt, wird mit Zuchthaus oder Gefängnis von drei bis zu sechs Jahren bestraft.

Art. 122. Tritt in den Fällen des Art. 119 ein schwerer Schaden an der Gesundheit der verletzten Person ein oder ist die Tat von einem Verwandten auf- oder absteigender Linie, einem Verschwägerten gerader Linie, einem Bruder, Priester oder einer Erziehungs- oder Aufsichtsperson oder unter Beteiligung von zwei oder mehr Personen begangen worden, so ist auf Zuchthaus oder Gefängnis von acht bis zu zwanzig Jahren zu erkennen.

Art. 123. Wird die Tat des Art. 120 unter den im vorigen Artikel bezeichneten Umständen begangen, so ist auf Zuchthaus oder Gefängnis von sechs bis zu zehn Jahren zu erkennen.

Art. 124. Tritt in den Fällen der Art. 119 und 120 der Tod des Verletzten ein, so ist auf Zuchthaus von fünfzehn bis zu fünfundzwanzig Jahren zu erkennen.

Drittes Kapitel

Sittliche Verderbnis[6]) und Verletzungen des Schamgefühls[7])

Art. 125. Wer in Gewinnabsicht oder zur Befriedigung eigener oder fremder Begierden die gewohnheitsmäßige Unzucht[8]) oder sittliche Verderbnis eines Minderjährigen, gleich welchen Geschlechts, fördert oder erleichtert, wird, auch wenn der Verletzte zugestimmt hat, bestraft

---

*) violación y estupro; Antragsdelikte, s. Art. 72.

1) Vergewaltigung (violación), umfaßt die deutschen Begriffe Notzucht und Schändung.

2) acceso carnal (Einführung des Geschlechtsteils in den Körper einer anderen Person) (Oderigo S. 161).

3) Verführung (estupro).

4) honesta = ehrbar, anständig (Jungfräulichkeit wird dafür heute nicht mehr allgemein gefordert, vor allem in der Gerichtspraxis nicht).

5) Hinterlistige Verführung (estupro fraudulento).

6) corrupción = Verderbtheit (der Sitten). 7) ultrajes al pudor (Art. 127—129); Antragsdelikte; vgl. Art. 72.

8) prostitución.

1. mit Zuchthaus oder Gefängnis von vier bis zu fünfzehn Jahren, wenn die Tat an einem Menschen unter zwölf Jahren,
2. mit Zuchthaus oder Gefängnis von drei bis zu zehn Jahren, wenn sie an einem zwölf, aber noch nicht achtzehn Jahre alten, und
3. mit Gefängnis von zwei bis zu sechs Jahren, wenn sie an einem achtzehn, aber noch nicht zweiundzwanzig Jahre alten Menschen begangen wird.

Ohne Rücksicht auf das Alter des Verletzten ist auf Zuchthaus oder Gefängnis von zehn bis zu fünfzehn Jahren zu erkennen, wenn die Tat durch Täuschung, Gewalt[1]) oder Drohung, unter Mißbrauch des Ansehens[2]) oder durch ein anderes Einschüchterungs- oder Zwangsmittel begangen wird, ferner auch, wenn der Täter ein Verwandter aufsteigender Linie, der Ehegatte, ein Bruder, Vormund oder eine Erziehungs- oder Aufsichtsperson ist oder mit dem Minderjährigen in eheähnlicher Gemeinschaft lebt.

Art. 126. Wer in Gewinnabsicht oder zur Befriedigung fremder Begierden die sittliche Verderbnis oder gewohnheitsmäßige Unzucht[3]) volljähriger Personen durch Täuschung, Gewalt[4]) oder Drohung, unter Mißbrauch des Ansehens[5]) oder durch ein anderes Zwangsmittel fördert oder erleichtert, wird mit Zuchthaus oder Gefängnis von vier bis zu zehn Jahren bestraft.

Art. 127.[6]) Wer einen Menschen gleich welchen Geschlechts unter den in Art. 119 genannten Umständen ohne Beischlaf zur Unzucht mißbraucht, wird mit Gefängnis von sechs Monaten bis zu vier Jahren bestraft.

Ist der Täter eine der in Art. 122 genannten Personen, so ist auf Zuchthaus oder Gefängnis von drei bis zu zehn Jahren zu erkennen.

Art. 128. Wer unzüchtige Bücher, Schriften, Abbildungen oder Gegenstände veröffentlicht, herstellt oder nachbildet oder wer sie ausstellt, verteilt oder in Umlauf bringt, wird mit Gefängnis von fünfzehn Tagen bis zu einem Jahr bestraft.

Art. 129. Wer an einem öffentlichen Ort unzüchtige Darbietungen gibt oder durch andere geben läßt, wird mit Geldstrafe von fünfzig bis zu fünfhundert Pesos bestraft.

Auf dieselbe Strafe ist zu erkennen, wenn die Handlungen an einem privaten Ort, der jedoch so gelegen ist, daß die Handlungen von Dritten unfreiwillig zu sehen sind, stattfinden.

Viertes Kapitel

Entführung[7])

Art. 130. Wer in unzüchtiger Absicht eine Frau durch Gewalt, Einschüchterung oder Täuschung entführt oder zurückhält, wird mit Gefängnis von einem Jahr bis zu vier Jahren bestraft.

War die Entführte eine verheiratete Frau, so ist auf Gefängnis von zwei bis zu sechs Jahren zu erkennen.

---

[1]) violencia. Körperliche Gewalt (Oderigo S. 170 Note 522). Vgl. aber Art. 78.
[2]) abuso de autoridad.
[3]) prostitución.
[4]) Vgl. oben Anm. 1.
[5]) Vgl. oben Anm. 2.
[6]) Unzüchtige Handlung (abuso deshonesto).
[7]) Antragsdelikt (vgl. Art. 72).

Art. 131. Wer eine zwölf, aber noch nicht fünfzehn Jahre alte Minderjährige mit ihrer Einwilligung entführt, wird mit Gefängnis von sechs Monaten bis zu zwei Jahren bestraft.

Wird eine Minderjährige unter zwölf Jahren mit oder ohne ihre Einwilligung entführt, so ist der Schuldige mit Gefängnis von zwei bis zu sechs Jahren zu bestrafen.

Fünftes Kapitel

Gemeinsame Bestimmungen für die vorhergehenden Kapitel

Art. 132. Der Täter einer an einer ledigen Frau begangenen Vergewaltigung, Verführung, Entführung oder unzüchtigen Handlung bleibt straflos, wenn er die Verletzte heiratet und diese zugestimmt hat, nachdem sie zu ihren Eltern oder an einen anderen sicheren Ort zurückgebracht worden ist.

Art. 133. Die Verwandten auf- und absteigender Linie, die Verschwägerten gerader Linie, die Geschwister und alle, die unter Mißbrauch ihres Ansehens, ihrer Stellung oder eines Vertrauensverhältnisses zusammenwirken, um Verbrechen, die in diesem Abschnitt genannt sind, zu begehen, werden wie Täter bestraft.

Vierter Abschnitt

Verbrechen gegen den Personenstand

Erstes Kapitel

Ungesetzliche Eheschließungen

Art. 134. Personen, die die Ehe eingehen, obwohl sie beide wissen, daß ein Hinderungsgrund vorliegt, der die unbedingte Nichtigkeit der Ehe zur Folge hat, werden mit Gefängnis von einem Jahr bis zu vier Jahren bestraft.

Art. 135. Mit Gefängnis von zwei bis zu sechs Jahren wird bestraft, wer

1. die Ehe eingeht und dem anderen Teil den ihm bekannten Hinderungsgrund, der die unbedingte Nichtigkeit der Ehe zur Folge hat, verheimlicht;
2. durch Täuschung eines anderen die Eheschließung mit ihm vorspiegelt.

Art. 136. Gegen den Beamten[1]), der wissentlich eine Eheschließung der in den vorhergehenden Artikeln bezeichneten Art zuläßt[2]), ist die in den Art. 134, 135 für den entsprechenden Fall angedrohte Strafe zu verhängen.

Läßt er die Eheschließung unwissentlich zu, so ist auf Geldstrafe von einhundert bis zu eintausend Pesos und auf besondere Aberkennung oder Beschränkung von Rechten und Fähigkeiten[3]) von sechs Monaten bis zu zwei Jahren zu erkennen, wenn seine Unkenntnis darauf beruht, daß er die vom Gesetz für die Eheschließung vorgeschriebenen Erfordernisse nicht erfüllt hat.

---

[1]) oficial público (Der Standesbeamte, vor dem gem. Art. 37 ff. des Gesetzes über die Zivilehe vom 12. November 1889 die Ehe geschlossen wird).

[2]) autorizare (der Standesbeamte nimmt die Erklärung der Eheschließenden, daß sie die Ehe miteinander eingehen wollen, entgegen und spricht im Namen des Gesetzes aus, daß sie zur Ehe vereint sind; Art. 39 des Ges. über die Zivilehe).

[3]) Vgl. Art. 20.

In den übrigen Fällen ist gegen den Beamten, der zum Vollzug der Eheschließung schreitet, ohne alle vom Gesetz geforderten Förmlichkeiten beachtet zu haben, eine Geldstrafe von einhundert bis zu eintausend Pesos zu verhängen.

Art. 137. Ebenso wird der gesetzliche Vertreter eines geschäftsunfähigen Minderjährigen[1]), der seine Zustimmung zu dessen Eheschließung gibt, bestraft.

Zweites Kapitel

Unterdrückung und Veränderung des Personenstandes

Art. 138. Wer in der Absicht, jemandem einen Nachteil zuzufügen, den Personenstand eines anderen verschleiert[2]), verändert oder unterdrückt, wird mit Gefängnis von sechs Monaten bis zu zwei Jahren bestraft.

Art. 139. Mit Gefängnis von einem Jahr bis zu vier Jahren wird bestraft

1. die Frau, die eine Schwangerschaft oder eine Geburt vortäuscht, um ihrem angeblichen Kind Rechte, die ihm nicht zustehen, zu verschaffen; ferner der Arzt und die Hebamme, die zur Ausführung dieses Verbrechens mitwirken;
2. wer durch Aussetzung, Verheimlichung oder auf andere Weise den Personenstand eines Minderjährigen unter zehn Jahren verschleiert[3]), verändert oder unterdrückt.

Fünfter Abschnitt

Verbrechen gegen die Freiheit

Erstes Kapitel

Verbrechen gegen die persönliche Freiheit

Art. 140. Wer einen Menschen in Sklaverei oder in einen ähnlichen Zustand bringt oder ihn in einer solchen Lage übernimmt, um ihn darin festzuhalten, wird mit Zuchthaus oder Gefängnis von drei bis zu fünfzehn Jahren bestraft.

Art. 141. Wer einen anderen rechtswidrig seiner persönlichen Freiheit beraubt, wird mit Gefängnis von einem Monat bis zu einem Jahr bestraft.

Art. 142. Wer einen andern seiner persönlichen Freiheit beraubt, wird mit Gefängnis von einem Jahr bis zu vier Jahren bestraft, wenn

1. er die Tat mit Gewalt[4]) oder Drohungen, in gewinnsüchtiger Absicht, aus religiösen Gründen oder aus Rache begeht,

---

[1]) menor impúber (vgl. S. 73 Anm. 14). Das Gesetz wollte sich auf Jungen unter 14 Jahren und Mädchen unter 12 Jahren (entsprechend dem ehefähigen Alter nach Art. 10 des Ges. über die Zivilehe) beziehen, spricht aber irrtümlich vom menor impúber, dem Minderjährigen unter 14 Jahren. Nach Oderigo (S. 185 Note 598) ist das Gesetz nach seiner Absicht (gegen den Wortlaut) auszulegen, da eine gesetzlich gestattete Handlung nicht strafbar sein könne.

[2]) hiciere incierto = ungewiß macht.

[3]) s. Anm. zu Art. 138.

[4]) Körperliche Gewalt. Vgl. auch Art. 78.

2. er die Tat gegen einen Verwandten aufsteigender Linie, Geschwister, seinen Ehegatten oder eine andere Person, der besondere Achtung gebührt, begeht,
3. dem Verletzten ein schwerer körperlicher, gesundheitlicher oder geschäftlicher Schaden entsteht, sofern die Tat nicht vom Gesetz mit schwererer Strafe bedroht ist,
4. bei Begehen der Tat obrigkeitliche Gewalt oder ein obrigkeitlicher Befehl vorgetäuscht wird,
5. die Freiheitsberaubung länger als einen Monat dauert.

Art. 143. Mit Gefängnis von einem Monat bis zu einem Jahr und besonderer Aberkennung oder Beschränkung von Rechten und Fähigkeiten[1]) von doppelter Dauer wird bestraft

1. der öffentliche Amtsträger[2]), der unter Mißbrauch seiner Befugnisse[3]) oder ohne die vom Gesetz vorgeschriebenen Förmlichkeiten zu beachten, einen andern seiner persönlichen Freiheit beraubt,
2. der Amtsträger[2]), der einen Festgenommenen oder Gefangenen, dessen Freilassung er anzuordnen oder auszuführen hat, zurückhält,
3. der Amtsträger[2]), der die Haft eines Menschen unzulässig verlängert, ohne ihn dem zuständigen Richter zur Verfügung zu stellen[4]),
4. der Amtsträger[2]), der einen Festgenommenen unzulässig in Einzelhaft setzt,
5. der Amtsträger[2]), der Gefangene, die er bewacht, streng behandelt, bedrückt oder ungesetzlich unter Zwang setzt oder an Stellen der Anstalt unterbringt, die dafür nicht bestimmt sind,
6. der Leiter eines Gefängnisses oder einer anderen Strafanstalt oder sein Vertreter, der einen Verurteilten ohne Zeugnis des rechtskräftigen Urteils, in dem auf die Strafe erkannt worden ist, aufnimmt,
7. der Kerkermeister[5]) oder Bedienstete eines Untersuchungs- und Polizeigefängnisses, der einen Gefangenen ohne Befehl der zuständigen Behörde außer im Falle des Ergreifens auf frischer Tat aufnimmt,
8. der Amtsträger[2]), der bei Ausführung einer Diensthandlung andere Personen irgendwie bedrückt oder ungesetzlich unter Zwang setzt,
9. der zuständige Amtsträger[2]), der es unterläßt oder verzögert oder sich weigert, eine ungesetzliche Festnahme, von der er Kenntnis hat, aufzuheben oder der entscheidenden Behörde Mitteilung zu machen.

Art. 144. Werden die Taten des vorigen Artikels unter den in Art. 142 genannten Umständen begangen, so ist auf die in Art. 142 angedrohte Strafe zu erkennen.

Art. 145. Wer einen anderen über die Grenze der Republik schafft in der Absicht, ihn ungesetzlich in die Gewalt eines andern zu bringen oder

---

1) Vgl. Art. 20.

2) Vgl. Art. 77.

3) funciones.

4) Art. 370 der Strafprozeßordnung für die Bundesgerichtsbarkeit schreibt vor, den Festgenommenen umgehend dem zuständigen Richter zu übergeben.

5) alcaide.

ihn für ein ausländisches Heer anzuwerben, wird mit Gefängnis von zwei bis zu sechs Jahren bestraft.

Art. 146. Wer einen Minderjährigen unter zehn Jahren der Gewalt seiner Eltern, seines Vormundes oder der mit der Aufsicht über ihn betrauten Person[1]) entzieht oder wer ihn zurückhält oder verbirgt, wird mit Zuchthaus oder Gefängnis von drei bis zu zehn Jahren bestraft.

Art. 147. Ebenso wird bestraft, wer mit der Aufsicht über einen Minderjährigen unter zehn Jahren betraut ist[2]) und ihn den Eltern oder Schutzpersonen[3]) auf deren Verlangen nicht vorweist oder keinen genügenden Aufschluß über sein Verschwinden gibt.

Art. 148. Wer einen zehn, aber noch nicht fünfzehn Jahre alten Minderjährigen verleitet, aus dem Hause seiner Eltern, seiner Schutzpersonen[4]) oder der mit seiner Aufsicht Betrauten[5]) zu fliehen, wird mit Gefängnis von einem Monat bis zu einem Jahr bestraft.

Art. 149. Wer einen Minderjährigen unter fünfzehn Jahren, der sich der Gewalt oder der Aufsicht, in der er sich rechtmäßig befand, entzogen hat, vor den gerichtlichen oder polizeilichen Ermittlungen verbirgt, wird mit Gefängnis von einem Monat bis zu einem Jahr bestraft.

War der Minderjährige noch nicht zehn Jahre alt, so ist auf Gefängnis von sechs Monaten bis zu zwei Jahren zu erkennen.

Zweites Kapitel

Verletzung des Wohnsitzes

Art. 150. Wer gegen den ausdrücklichen oder mutmaßlichen Willen des Berechtigten in eine fremde Wohnung oder ein fremdes Geschäftshaus, in ihre Nebenräume oder in eine von einem anderen bewohnte Räumlichkeit eintritt, wird mit Gefängnis von sechs Monaten bis zu zwei Jahren bestraft.

Art. 151. Ebenso und mit besonderer Aberkennung oder Beschränkung von Rechten und Fähigkeiten[6]) von sechs Monaten bis zu zwei Jahren wird der öffentliche Amtsträger[7]) oder Vollzugsbeamte[8]) bestraft, der, ohne die vom Gesetz vorgeschriebenen Förmlichkeiten zu beachten oder in anderen als den vom Gesetz vorgesehenen Fällen in einen Wohnsitz eindringt.

Art. 152. Die Bestimmungen der vorhergehenden Artikel sind nicht anzuwenden, wenn jemand die bezeichneten Orte betritt, um ein schweres Übel von sich, den Bewohnern oder einem Dritten abzuwenden, eine Pflicht der Menschlichkeit zu erfüllen oder der Rechtspflege Hilfe zu leisten.

---

[1]) Vgl. Anm. 2 zu Art. 147.

[2]) encargado de la persona. Nach Mallo II 320, 321 ist dieser Begriff weit zu fassen: es fallen darunter z. B. Erzieherinnen, Lehrer und Lehrmeister aller Art usw., auch wenn ihre Stellung nur tatsächlicher und vorübergehender Art ist.

[3]) Vgl. Anm. 3 zu Art. 72.

[4]) Vgl. Anm. 3 zu Art. 72.

[5]) Vgl. Anm. 2 zu Art. 147.

[6]) Vgl. Art. 20.

[7]) Vgl. Art. 77.

[8]) agente de la autoridad.

Drittes Kapitel

Verletzung von Geheimnissen

Art. 153. Wer unbefugt einen Brief, eine verschlossene Sendung[1]) oder eine fernschriftliche, fernmündliche oder sonstige Benachrichtigung[2]), die nicht an ihn gerichtet ist, öffnet oder sich unbefugt eines Briefes, einer Sendung, einer Benachrichtigung oder eines anderen privaten Schriftstücks, auch wenn es nicht verschlossen ist, bemächtigt oder eine nicht an ihn gerichtete Briefschaft unterdrückt oder fehlleitet, wird mit Gefängnis von fünfzehn Tagen bis zu sechs Monaten bestraft.

Hat der Täter den Inhalt des Briefes, des Schriftstücks oder der Benachrichtigung einem anderen mitgeteilt oder veröffentlicht, so ist auf Gefängnis von einem Monat bis zu einem Jahr zu erkennen.

Art. 154. Der Post- oder Telegrafenbedienstete, der sich unter Mißbrauch seiner Dienststellung[3]) eines Briefes, einer Sendung[1]), eines Telegramms oder einer anderen Briefschaft bemächtigt, von ihrem Inhalt Kenntnis nimmt, sie einem anderen als dem bezeichneten Empfänger aushändigt oder mitteilt, unterdrückt, verheimlicht oder ihren Wortlaut verändert, wird mit Gefängnis von einem Jahr bis zu vier Jahren bestraft.

Art. 155. Wer eine Briefschaft, die, obschon an ihn gerichtet, nicht für die Öffentlichkeit bestimmt ist, besitzt und sie unbefugt veröffentlicht, wird mit Geldstrafe von zweihundert bis zu tausend Pesos bestraft, wenn die Tat Dritten Nachteile verursacht oder verursachen kann.

Art. 156. Wer ein Geheimnis, dessen Verbreitung Schaden verursachen kann und das ihm auf Grund seines Standes[4]), Amtes[5]), Dienstes[6]), Berufes oder Gewerbes[7]) bekanntgeworden ist, ohne berechtigenden Grund offenbart, wird mit Geldstrafe von zweihundert bis zu eintausend Pesos und besonderer Aberkennung oder Beschränkung von Rechten und Fähigkeiten[8]) von sechs Monaten bis zu drei Jahren bestraft.

Art. 157. Ebenso wird bestraft, wer Amtshandlungen oder Verfahren, die von Gesetzes wegen geheimzuhalten sind[9]), verbreitet[10]).

Viertes Kapitel

Verbrechen gegen die Arbeits- und die Vereinigungsfreiheit

Art. 158. Der Arbeitnehmer, der gegen einen anderen Gewalt[11]) verübt, um ihn zur Teilnahme an einem Streik oder einem Boykott zu zwin-

---

[1]) pliego (von plegar = (zusammen)falten, -legen).
[2]) despacho (Depesche).
[3]) empleo.
[4]) estado; individueller Zustand tatsächlicher (nicht rechtlicher) Art, z. B. Zusammenlebende, Praktikanten (Oderigo S. 210 Note 707), Beichtväter (Mallo II, 350) usw.
[5]) oficio. Dauernde oder vorübergehende Ausübung einer bestimmten Verrichtung (Funktion), die keinen beruflichen Charakter hat (Oderigo S. 210 Note 708); z. B. Vormundschaft, Pflegschaft, Vermögensverwaltung (Mallo II 351).
[6]) empleo; öffentlicher oder privater Art (Oderigo S. 211 Note 709).
[7]) profésion o arte. — Es muß sich immer um gehörig geregelte Tätigkeiten handeln (Kurpfuscherei z. B. gehört nicht hierher) (Mallo II 351).
[8]) Vgl. Art. 20.
[9]) z. B. die Abstimmung der Richter bei Kollegialgerichten vor Veröffentlichung des Urteils (Oderigo S. 212 Note 716), die Voruntersuchung im Strafverfahren (Art. 180 der Strafprozeßordnung für die Bundesgerichtsbarkeit).
[10]) Nur der Beamte ist strafbar, nicht auch ein Privater (falls nicht ein Gesetz ihn eigens zur Geheimhaltung verpflichtet). — Vgl. auch Art. 222.
[11]) Nur körperliche Gewalt (Oderigo S. 213 Note 717). Vgl. auch Art. 78.

gen, wird mit Gefängnis von einem Monat bis zu einem Jahr bestraft Ebenso wird der Arbeitgeber, Unternehmer oder Angestellte[1a]) bestraft, der im eigenen oder fremden Interesse einen Zwang[2]) ausübt, um einen anderen zur Teilnahme an einer Aussperrung[3]) und zum Austritt aus einer bestimmten Arbeitnehmer- oder Arbeitgebervereinigung oder zum Eintritt in eine solche zu nötigen.

Art. 159. Wer durch betrügerische Machenschaften, böswillige Verdächtigungen oder eine unlautere Werbung bestrebt ist, die Kundschaft eines Handels- oder Gewerbeunternehmens zu seinem Vorteil auszuspannen, wird mit Geldstrafe von eintausend bis zu viertausend Pesos bestraft.

Fünftes Kapitel

Verbrechen gegen die Versammlungsfreiheit

Art. 160. Wer eine erlaubte Versammlung durch Beschimpfungen oder Drohungen gegen den Redner oder die die Versammlung abhaltende Einrichtung tatsächlich verhindert oder stört, wird mit Gefängnis von fünfzehn Tagen bis zu drei Monaten bestraft.

Sechstes Kapitel

Verbrechen gegen die Pressefreiheit

Art. 161. Wer die freie Verbreitung eines Buches oder einer Zeitung verhindert oder stört, wird mit Gefängnis von einem Monat bis zu sechs Monaten bestraft.

Sechster Abschnitt

Verbrechen gegen das Eigentum

Erstes Kapitel

Diebstahl

Art. 162. Wer eine ganz oder teilweise fremde bewegliche Sache rechtswidrig an sich bringt[4]), wird mit Gefängnis von einem Monat bis zu zwei Jahren bestraft.

Art. 163. Auf Gefängnis von einem Jahr bis zu sechs Jahren ist zu erkennen, wenn

1. Groß- oder Kleinvieh, getrennte Früchte, auf dem Felde stehen-

---

1a) = Arbeitnehmer (Beschäftigter).

2) Körperliche oder seelische Gewalt (Oderigo S. 214 Note 721).

3) Mallo scheint (II 366) den Zwang zur Aussperrung und den zum Eintritt oder Austritt jeweils als gesonderten Tatbestand aufzufassen (während der Wortlaut auf nur einen Tatbestand des Zwanges zur Aussperrung und zum Eintritt oder Austritt hinweist).

4) se apoderare (sich bemächtigt); wird objektiv i. S. der Apprehensionstheorie ausgelegt; subjektiv gehört dazu der animus rem sibi habendi, also unsere Zueignungsabsicht, die nur deshalb nicht besonders genannt ist, weil das Sichbemächtigen (Ansichbringen) die Inbesitznahme als Eigenbesitzer bezeichnet. Vgl. dazu unten Anm. 8 zu Art. 175 über die Unterscheidung zwischen Besitz und Innehabung und Art. 2373 des Zivilgesetzbuches: „Der Besitz wird durch das Ergreifen (aprehensión) der Sache in der Absicht, sie als die seine (d. h. als eigene) zu haben, erworben; . . .". — Diebstahl ist also die „Aneignung" einer fremden beweglichen Sache, die ein anderer als der Täter besitzt oder innehat. Aneignung einer Sache, die der Täter bereits innehat, ist nur als Betrug strafbar. — Gebrauchsdiebstahl ist nicht strafbar. — Vgl. auch Art. 173 Ziff. 5 (Besitzdiebstahl) und Art. 181 Ziff. 2 sowie S. 77 Anm. 6.

gelassene Maschinen oder Arbeitsgeräte oder Metalldraht oder andere Teile einer Einfriedung, die dadurch ganz oder teilweise zerstört wird, gestohlen wird;
2. bei einem Brand, einer Explosion, einer Überschwemmung, einem Schiffbruch, Eisenbahnunfall, Auflauf oder Aufstand oder unter Ausnutzung eines anderen Unheils oder einer anderen öffentlichen Erregung oder eines persönlichen Unglücks des Geschädigten gestohlen wird;
3. ein Dietrich, ein falscher Schlüssel oder ein ähnliches Werkzeug oder ein entwendeter oder gefundener echter Schlüssel benutzt wird, um zu dem Ort, an dem sich die zu entwendende Sache befindet, vorzudringen[1]);
4. die Tat durch Einsteigen begangen wird.

Zweites Kapitel
Raub

Art. 164. Wer eine ganz oder teilweise fremde bewegliche Sache durch körperliche Gewalt gegen Menschen oder Sachen rechtswidrig an sich bringt[2]), wird mit Gefängnis von einem Monat bis zu sechs Jahren bestraft. Es ist gleich, ob die Gewalt gegen Menschen vor dem Raub zu seiner Erleichterung, bei der Ausführung des Raubes oder danach zur Erreichung der Straflosigkeit des Verbrechens verübt wird.

Art. 165. Wird wegen oder aus Anlaß des Raubes ein Mensch getötet, so ist auf Zuchthaus oder Gefängnis von zehn bis zu fünfundzwanzig Jahren zu erkennen.

Art. 166. Eine Zuchthaus- oder Gefängnisstrafe von fünf bis zu fünfzehn Jahren wird verhängt, wenn
1. die zur Durchführung des Raubes angewendete Gewalt gegen Menschen eine der in den Art. 90 und 91 bezeichneten Körperverletzungen zur Folge hat;
2. der Raub an unbewohntem Ort von einer Bande[3]) begangen wird.

Art. 167. Eine Zuchthaus- oder Gefängnisstrafe von drei bis zu zehn Jahren wird verhängt, wenn
1. der Raub an unbewohntem Ort mit Waffen oder
2. an bewohnten Orten von einer Bande[3]) oder
3. mittels Durchstoßens oder Aufbrechens einer Wand, einer Einfriedung, einer Decke oder eines Fußbodens, einer Tür oder eines Fensters eines bewohnten Raumes oder seiner unmittelbaren Nebenräume begangen wird;
4. einer der in Art. 163 genannten Umstände hinzutritt.

Drittes Kapitel
Erpressung*)

Art. 168. Wer durch Einschüchterung, Vortäuschen obrigkeitlicher Gewalt oder eines obrigkeitlichen Befehls einen anderen nötigt, Sachen,

---

1) Nicht aber, wenn nur das Behältnis (Kassette z. B.) oder eine Innentür geöffnet wird (Oderigo S. 226 Note 766).
2) se apoderare. Vgl. S. 70 Anm. 4.
3) Der Begriff der Bande entspricht dem der unerlaubten Vereinigung des Art. 210.
*) Extorsión.

Geld oder Urkunden, die rechtliche Wirkungen haben, auszuhändigen, wegzuschicken, zu hinterlegen oder ihm oder einem Dritten zur Verfügung zu stellen, wird mit Gefängnis von einem Jahr bis zu vier Jahren bestraft.

Ebenso wird bestraft, wer in derselben Weise oder durch Gewalt[1]) einen anderen nötigt, Schuld- oder Forderungsurkunden zu unterschreiben oder zu vernichten.

Art. 169. Wer durch Drohung mit ehrenrührigen Beschuldigungen oder Geheimnisverletzung eine der im vorigen Artikel bezeichneten Handlungen begeht, wird mit Gefängnis von sechs Monaten bis zu vier Jahren bestraft.

Art. 170. Wer einen Menschen als Geisel festhält, um ein Lösegeld zu erlangen, wird mit Gefängnis von drei bis zu zehn Jahren bestraft.

Art. 171. Wer einen Leichnam entwendet, um sich dessen Rückgabe bezahlen zu lassen, wird mit Gefängnis von zwei bis zu sechs Jahren bestraft.

Viertes Kapitel

Betrug[2])

Art. 172. Wer einen anderen durch Gebrauch eines falschen Namens oder eines falschen Titels, durch Vorspiegeln einer Eigenschaft oder eines Einflusses, durch Vertrauensmißbrauch oder Vortäuschen von Sachgütern[3]), einer Forderung, eines Auftrages, eines Vorhabens[4]) oder eines Geschäftes oder durch eine andere List oder Täuschung betrügt, wird mit Gefängnis von einem Monat bis zu sechs Jahren bestraft.

Art. 173. Ebenso wird, unbeschadet der allgemeinen Bestimmung des vorhergehenden Artikels, in den folgenden Fällen, die als besondere Betrugsfälle gelten, bestraft,

1. wer einen anderen bezüglich der Beschaffenheit, Art oder Menge[5]) von Sachen, die er ihm auf Grund eines Vertrags oder einer Schuldverpflichtung liefert, betrügt;
2.[6]) wer zum Schaden eines anderen Geld, Wertpapiere oder eine andere bewegliche Sache, die ihm zur Verwahrung, in Kommission[7]), zur Verwaltung oder aus einem anderen Rechtsgrund, aus dem eine Verpflichtung zur Aushändigung oder zur Rückgabe erwächst, übergeben wurden, zur gehörigen Zeit herauszugeben sich weigert oder nicht zur gehörigen Zeit herausgibt;
3. wer betrügt, indem er mit Hilfe einer Täuschung eine Urkunde unterschreiben läßt;

---

[1]) Körperliche Gewalt. Vgl. auch Art. 78.

[2]) Estafas y otras defraudaciones. Beide Ausdrücke (estafa u. defraudación) bezeichnen den Betrug. Estafa wird meistens mit Bezug auf Art. 172 gebraucht, während die anderen Tatbestände dieses Kapitels als besondere Fälle der defraudación bezeichnet werden.

[3]) bienes. Vgl. Anm. 2 zu Art. 186.

[4]) empresa (Unternehmung, Vorhaben); z. B. Sammlung zur Errichtung eines Denkmals, zur Hilfe für die Opfer einer Katastrophe usw. (Oderigo S. 246 Note 819).

[5]) substancia, calidad o cantidad.

[6]) Der Tatbestand des Art. 173 Z. 2 heißt häufig „unerlaubte Aneignung", welche Benennung aber auch vielfach als auf Art. 175 Z. 1, 2 u. 3 passend angesehen wird.

[7]) Auftrag (Vollmacht) des Bürgerlichen Rechts (Art. 1869 ff. des Zivilgesetzbuchs; vgl. Anm. 4 zu Art. 271) und des Handelsrechts (Art. 223 ff. des Handelsgesetzbuchs) sowie die handelsrechtliche Kommission (Art. 232 ff. des Handelsgesetzbuchs).

4. wer eine Urkunde unter Mißbrauch einer Blankounterschrift zum Schaden des Unterzeichners oder eines Dritten errichtet und dadurch einen Betrug begeht;
5.[1] wer eine ihm gehörende bewegliche Sache dem, der sie rechtmäßig in seiner Gewalt hat, zu dessen oder eines Dritten Schaden entwendet;
6. wer zum Schaden eines anderen einen Scheinvertrag schließt oder falsche Quittungen ausstellt;
7. der Kommissionär[2], Schiffskapitän[3] oder sonstige Bevollmächtigte[4], der durch Änderung der Preise oder der Vertragsbedingungen in seinen Rechnungen, fälschliche Angaben von Unkosten oder zu hohen Ansatz ihm entstandener Unkosten Betrug begeht;
8. wer durch Unterschieben, Verbergen oder Verstümmeln von Akten, einer Eingabe, einer Urkunde oder eines anderen wichtigen Papieres Betrug begeht;
9. wer streitbefangene, gepfändete[5] oder belastete[6] Sachgüter[7] verkauft oder belastet, als ob sie frei wären, oder wer fremde Sachgüter als seine eigenen verkauft, belastet, vermietet oder verpachtet[8] [9];
10. wer betrügt, indem er die Zahlung einer Belohnung an Richter oder andere öffentliche Bedienstete[10] vorgibt[11].

Art. 174. Mit Gefängnis von zwei bis zu sechs Jahren wird bestraft, wer
1. eine versicherte Sache oder ein Schiff, das oder dessen Ladung oder Fracht versichert oder über das ein Bodmereivertrag[12] geschlossen worden ist, anzündet oder zerstört, um sich oder einem Dritten einen rechtswidrigen Vorteil zum Schaden eines Versicherers oder Verbodmers zu verschaffen;
2. einen Minderjährigen[13] oder einen Geschäftsunfähigen[14], auch wenn dieser nicht entmündigt ist, durch Mißbrauch seiner Bedürfnisse, Lei-

---

[1] furtum possessionis.
[2] Art. 232 ff. des Handelsgesetzbuchs.
[3] Vgl. Art. 77.
[4] mandatario; Art. 1869 ff. des Zivilgesetzbuchs, Art. 223 ff. des Handelsgesetzbuchs. Vgl. Anm. 4 zu Art. 271.
[5] embargado (dazu gehört auch die Beschlagnahme von Grundstücken).
[6] gravado.
[7] bienes. Vgl. Anm. 2 zu Art. 186.
[8] arrendare (sowohl „vermietet" als auch „verpachtet"); Art. 1493 ff. des Zivilgesetzbuchs.
[9] Dieses Delikt wird in Art. 1178 u. 1179 des Zivilgesetzbuchs als estelionato (Stellionat) bezeichnet.
[10] Vgl. Art. 77.
[11] Betrug durch Vortäuschen einer strafbaren Handlung. Ist die Belohnung wirklich bezahlt, so liegt Bestechung vor (Art. 258).
[12] Art. 1120 ff. des Handelsgesetzbuchs.
[13] menor. Minderjährige sind die Personen beiderlei Geschlechts, die noch nicht 22 Jahre alt sind (Art. 126 des Zivilgesetzbuchs). Bis zu 14 Jahren heißen sie impúberes, danach adultos (Art. 127 a. a. O.).
[14] incapaz. Dazu Art. 54 und 55 des Zivilgesetzbuches:

Art. 54: Voll geschäftsunfähig sind
1. die noch nicht geborenen, aber erzeugten Personen;
2. die Minderjährigen unter 14 Jahren (menores impúberes);
3. die Geisteskranken (dementes);
4. die Taubstummen (sordomudos), die sich nicht schriftlich verständigen können;
5. die gerichtlich für verschollen Erklärten.

Art. 55: Geschäftsunfähig bezgl. bestimmter Rechtsgeschäfte oder der Art, sie vorzunehmen, sind
1. die Minderjährigen über 14 Jahre (menores adultos),
2. die verheirateten Frauen.

Geschäftsunfähige i. S. des Art. 174 Ziff. 2 StGB sind nur die Geisteskranken und die Taubstummen (Gómez, Bd. III, S. 197). — Niemand gilt als geisteskrank im Sinne

denschaften oder seiner Unerfahrenheit eine Urkunde, die rechtliche Wirkung nach sich zieht, zu dessen oder eines Dritten Schaden[1]) unterschreiben läßt, selbst wenn diese Handlung nichtig ist;

3. durch Verwendung falscher Maße oder Gewichte betrügt;
4. als Unternehmer oder Errichter[2]) eines Bauwerkes oder als Verkäufer von Baustoffen bei der Ausführung des Bauwerkes oder der Lieferung der Baustoffe eine betrügerische Handlung, die die Sicherheit von Menschen, Sachgütern[3]) oder des Staates zu gefährden geeignet ist, begeht;
5. einen Betrug zum Nachteil einer öffentlichen Verwaltung begeht.

Ist der Schuldige in den Fällen der Ziffern 4 und 5 ein öffentlicher Bediensteter[4]), so ist außerdem auf dauernde besondere Aberkennung oder Beschränkung von Rechten und Fähigkeiten[5]) zu erkennen.

Art. 175. Mit Geldstrafe von fünfhundert bis zu zweitausend Pesos wird bestraft,

1.[6]) wer eine ihm nicht gehörende verlorene Sache oder einen Schatz findet und sich die Sache oder den Teil des Schatzes, der dem Grundeigentümer gebührt, entgegen den Vorschriften des Zivilgesetzbuches[7]) aneignet;

2.[6]) wer sich eine fremde Sache, die er infolge eines Irrtums oder eines Zufalls innehat[8]), aneignet;

---

des Zivilgesetzes, der nicht vorher (nach Einholung eines Sachverständigengutachtens) vom zuständigen Richter für geisteskrank erklärt worden ist (Art. 140 des Zivilgesetzbuchs). Erst dann ist der Betreffende entmündigt und damit geschäftsunfähig i. S. des Zivilrechts. Die Taubstummen sind geschäftsunfähig, wenn sie sich nicht schriftlich verständigen können (Art. 153). Auch bei ihnen ist eine Erklärung ihrer Geschäftsunfähigkeit (Entmündigung) erforderlich (Art. 154). — Gesetzliche Vertreter der Geisteskranken und Taubstummen sind ihre Eltern oder, wenn solche nicht mehr vorhanden oder geschäftsunfähig sind, bestellte Pfleger (curadores) (Art. 57 Ziff. 3). Die Pflegschaft über die volljährigen Geschäftsunfähigen („die zur Verwaltung ihres Vermögens Unfähigen" nach dem Wortlaut des Gesetzes) ist in Art. 468 ff. des Zivilgesetzbuchs geregelt (die Vormundschaft — tutela — kennt das Gesetz nur für die Minderjährigen). Zur Verwaltung ihres Vermögens unfähig sind die Geisteskranken, auch wenn sie lucida intervalla haben, und die Taubstummen, die nicht lesen und schreiben können (Art. 469). Die nach der Entmündigung von dem Geschäftsunfähigen vorgenommenen Rechtsgeschäfte sind nichtig (Art. 472); die vorher vorgenommenen können für nichtig erklärt werden, wenn der Grund der Entmündigung zur Zeit ihrer Vornahme offenkundig (publicamente) vorlag (Art. 473).

1) Der Schaden (Vermögensschaden) besteht in der nachteiligen Wirkung, die die Urkunde auf die Vermögenslage des Unterzeichners oder des Dritten haben soll (potentieller Schaden).

2) constructor.

3) bienes. Vgl. Anm. 2 zu Art. 186.

4) Siehe Art. 77.

5) Vgl. Art. 20.

6) Vgl. S. 72 Anmerkung 6.

7) Art. 2531 ff. (Fund). Der Schatzfund wird in Art. 2556 ff. geregelt.

8) en cuya tenencia hubiere entrada. Tenencia ist die tatsächliche Innehabung einer Sache, die Ausübung der tatsächlichen Gewalt über sie im Gegensatz zur posesión (Besitz).

Art. 2352 Zivilgesetzbuch. Wer tatsächlich eine Sache innehat, aber das Eigentum eines anderen anerkennt, ist bloßer Innehaber (tenedor) der Sache und Vertreter (representante) im Besitz des Eigentümers, auch wenn die Inbesitznahme der Sache auf einem Recht beruht.

Nach Art. 2461 ist auch bloßer Innehaber einer Sache, wer in der Lage ist, für sich oder andere Eigentumshandlungen an der Sache vorzunehmen, aber nur die Absicht hat, im Namen eines anderen zu besitzen. — Vgl. auch die Anmerkungen zu Art. 162 und Art. 181 Ziff. 1 StGB.

Art. 2351 Zivilgesetzbuch. Sachbesitz liegt vor, wenn jemand eine Sache für sich oder einen andern in seiner Gewalt hat in der Absicht, sie der Ausübung eines Eigentumsrechts zu unterstellen.

Vgl. possidere und tenere im römischen Recht.

3.[1]) wer über das Pfand, für das er Geld dargeliehen hat, verfügt, es verkauft oder sich aneignet, ohne die gesetzlich vorgeschriebenen Förmlichkeiten[2]) zu beachten;
4. der Gläubiger, der von seinem Schuldner einen auf ein späteres Datum ausgestellten oder in blanko unterzeichneten Scheck oder Zahlungsauftrag[3]) wissentlich als Urkunde, Forderung oder Sicherheit für eine Schuld, die nicht fällig ist, verlangt oder annimmt.

Fünftes Kapitel

Bankbrüchige und andere strafbare Schuldner

Art. 176. Der für bankerott erklärte[4]) Kaufmann[5]), der in der Absicht, seine Gläubiger zu betrügen[6]),
1. Schulden, Veräußerungen, Ausgaben oder Verluste vorgetäuscht oder fälschlich angegeben oder
2. den Absatz oder das Vorhandensein von Sachgütern[7]), die er haben müßte, nicht nachgewiesen oder eine zur Masse gehörende Sache beiseite geschafft oder verheimlicht oder
3. einem Gläubiger Vorteile, die ihm nicht gebühren, gewährt

hat, wird als betrügerischer Bankbrecher mit Gefängnis von zwei bis zu sechs Jahren und mit besonderer Aberkennung oder Beschränkung von Rechten und Fähigkeiten[8]) von drei bis zu zehn Jahren bestraft.

Art. 177. Der Kaufmann[9]), der durch seine Ausgaben, die im Verhältnis zum Kapital und der Personenzahl seiner Familie übermäßig hoch sind, durch Verlustspekulationen, Spiel, Vernachlässigung seiner Geschäfte oder eine andere offenbare[10]) Nachlässigkeit oder Unvorsichtigkeit seinen eigenen Bankerott herbeigeführt und seine Gläubiger geschädigt hat, wird als fahrlässiger Bankbrecher mit Gefängnis von einem Monat bis zu einem Jahr und mit besonderer Aberkennung oder Beschränkung von Rechten und Fähigkeiten[11]) von zwei bis zu fünf Jahren bestraft.

Art. 178. Beim Bankerott einer Aktiengesellschaft, einer Genossenschaft oder einer juristischen Person, die Handel treibt, werden jeder

---

1) Vgl. S. 72 Anm. 6.
2) Art. 3224 des Zivilgesetzbuchs über den Pfandverkauf.
3) Cheque o giro. Vgl. Art. 302. — Giro ist hier der in Form einer Urkunde, die nicht die besonderen Erfordernisse des Schecks (s. darüber Anm. 6 zu Art. 302) erfüllt, ausgestellte Zahlungsauftrag.
4) Die Rechtsvorschriften über den Bankerott (d. i. der Konkurs eines Kaufmanns) sind vor allem im Gesetz Nr. 11 719 vom 27. September 1933 über den Bankerott (Ley Nr. 11 719, De las quiebras), das als 4. Buch (Art. 1379 ff.) dem Handelsgesetzbuch (vom 5. Oktober 1889) eingefügt worden ist, enthalten.
Vgl. **Art. 1 des Gesetzes Nr. 11 719:** „I. Die Zahlungseinstellung bildet, gleich, was ihre bestimmende Ursache ist und ob es sich um eine oder mehrere Handelsverbindlichkeiten handelt, den Zustand des Bankerotts. — II. 1. In diesen Zustand können nur die Kaufleute und die Handelsgesellschaften kommen. 2. . . . . . — III. . . . . .".
Der Bankerott kann nur durch den Richter der Handelsgerichtsbarkeit erklärt werden (Art. 52 a. a. O.). — Vgl. auch Anmerkung zu Art. 179.
5) **Art. 1 des Handelsgesetzbuches:** Das Gesetz erklärt als Kaufleute alle Personen, die, von Gesetzes wegen fähig, Verträge zu schließen, für eigene Rechnung Handelsgeschäfte tätigen und daraus ihr gewohntes Gewerbe machen.
6) en fraude de sus acreedores. Diese Worte sind hier gleichbedeutend mit para defraudar a sus acreedores — um seine Gläubiger zu betrügen (Gómez, Bd. III, S. 235).
7) Vgl. Anm. 2 zu Art. 186.
8) Vgl. Art. 20.
9) Vgl. Anmerkung 5 zu Artikel 176.
10) Leichte Fahrlässigkeit genügt dafür nicht (Oderigo S. 274 Note 931).
11) Vgl. Art. 20.

Leiter, Geschäftsführer oder Prokurist[1]) der bankerotten Gesellschaft oder des bankerotten Unternehmens und jeder Rechnungsführer oder Buchhalter[2]), die an einer der in den vorhergehenden Artikeln bezeichneten Taten teilgenommen[3]) haben, wie betrügerische oder fahrlässige Bankbrecher bestraft.

Art. 179. Der Schuldner, der, ohne Kaufmann[4]) zu sein, in Konkurs geraten ist[5]) und eine der Handlungen des Art. 176 begangen hat oder begeht, um seine Gläubiger zu betrügen, wird mit Gefängnis von einem Jahr bis zu vier Jahren bestraft.

Art. 180. Der Gläubiger, der einem gerichtlichen Vergleich oder Übereinkommen[6]) auf Grund eines Einverständnisses mit dem Schuldner oder einem Dritten, durch das er sich besondere Vorteile für den Fall der Annahme des Vergleichs oder Übereinkommens versprechen ließ, zustimmt, wird mit Gefängnis von einem Monat bis zu einem Jahr bestraft.

Ebenso werden jeder Schuldner und jeder Leiter, Prokurist oder Geschäftsführer[7]) einer bankerotten oder im Konkurs befindlichen Aktiengesellschaft, Genossenschaft oder sonstigen juristischen Person, die ein Übereinkommen dieser Art schließen, bestraft.

Sechstes Kapitel

Widerrechtliche Besitzergreifung[8])

Art. 181. Mit Gefängnis von einem Monat bis zu zwei Jahren wird bestraft, wer

1. einem anderen durch Zwang[9]), Täuschung oder Mißbrauch des Vertrauens den Besitz oder die Innehabung[10]) einer unbeweglichen Sache

---

[1]) director, administrador o gerente.

[2]) contador o tenedor de libros. Der contador nimmt eine leitende Stellung ein (z. B. Kassenleiter, Leiter des Rechnungsamtes, der Buchhalterei). Contador bezeichnet auch den Buchprüfer.

[3]) Art. 45 oder 46.

[4]) Vgl. Anmerkung 5 zu Artikel 176.

[5]) concursado civilmente — in bürgerlichen Konkurs (zum Unterschied von quiebra — Bankerott —, dem Konkurs der Kaufleute) geraten. Von diesem concurso civil de acreedores handeln die Art. 718 ff. der Zivilprozeßordnung (Código de procedimientos en materia civil y comercial) der Hauptstadt Argentiniens vom 29. August 1880/12. November 1886 sowie das Gesetz Nr. 1177 vom 16. Oktober 1920 über das Erlöschen der Verbindlichkeiten eines Schuldners im bürgerlichen Konkurs. Für Art. 179 StGB ist erforderlich, daß das Konkursverfahren von dem zuständigen Zivilrichter angeordnet worden ist. — Vgl. auch Anmerkung 4 zu Art. 176.

[6]) concordato, convenio o transacción judicial. Concordato preventivo ist ein Vergleich zur Abwendung des Konkurses; im Gesetz als solcher nur für die Abwendung des (kaufmännischen) Bankerotts geregelt: Art. 1386 ff. des Handelsgesetzbuchs (Art. 8 ff. des Gesetzes Nr. 11 719 über den Bankerott). Art. 1386 Abs. 1 HGB (Art. 8 Abs. 1 Gesetz Nr. 11 719) lautet: „Die eingetragenen Kaufleute und die anderen Schuldner, auf die sich Art. 1 dieses Gesetzes bezieht, können zur Abwendung der Erklärung ihres Bankerotts bei dem Handelsrichter die Einberufung der Versammlung ihrer Gläubiger beantragen." — Vgl. auch Anmerkung 4 zu Art. 176.

Der Vergleich oder das Übereinkommen muß immer der Abwendung oder Beendigung des Konkurs-(Bankerott-)verfahrens dienen und nach dem Mehrheitsprinzip zustande kommen (da, wenn Einstimmigkeit erforderlich ist, ein Beschluß nicht gegen den Willen anderer Gläubiger durchgesetzt werden kann) (Oderigo, S. 277 Note 943).

[7]) Vgl. Anm. 1 zu Art. 178.

[8]) usurpación. Die Handlungen entsprechen zum großen Teil unserer verbotenen Eigenmacht. Tatobjekte sind nur Grundstücke und einige dingliche Rechte an Grundstücken; wenn es sich um bewegliche Sachen handelt, so kommen Diebstahl, Raub, Erpressung und Betrug in Betracht.

[9]) violencia (physische und psychische Gewalt).

[10]) posesión o tenencia. Vgl. S. 74 Anmerkung 8.

oder eines dinglichen Gebrauchsrechtes[1]), eines Nießbrauchs[2]), Wohnungsrechts[3]), einer Dienstbarkeit[4]) oder eines Nutzpfandrechts[5]) an einer Liegenschaft entzieht[6]);

2. die Grenzbezeichnungen eines Grundstückes zerstört oder verändert, um sich das Grundstück ganz oder teilweise anzueignen[7]);
3. den Besitz einer unbeweglichen Sache durch Zwang oder Drohungen stört[8]).

Art. 182. Mit Gefängnis von fünfzehn Tagen bis zu einem Jahr wird bestraft, wer

1. in der Absicht, einem anderen Schaden zuzufügen, Wasser aus Staubecken, Teichen oder anderen Behältnissen, aus Flüssen, Bächen, Quellen, Kanälen oder Wasserleitungen[9]) unbefugt oder in größerer Menge, als er berechtigt ist, entnimmt;
2. die Ausübung der Rechte, die ein Dritter an dem in der vorigen Ziffer genannten Wasser hat, stört;
3. in der Absicht, einem anderen Schaden zuzufügen, unbefugt das Wasser von Flüssen, Bächen, Kanälen oder Quellen staut, ableitet oder zurückhält oder sich ein auf den Wasserlauf bezügliches Recht anmaßt.

Werden, um die in Absatz 1 genannten Verbrechen zu begehen, Deiche,

---

1) derecho real de uso; ein in Art. 2948 ff. des Zivilgesetzbuches geregeltes dingliches Recht. Dazu **Art. 2948 Abs. 1** a. a. O.: „Das Gebrauchsrecht (derecho de uso) ist ein dingliches Recht, das in der Befugnis, die Sache eines anderen unabhängig vom Besitz eines Grundstücks (heredad), [aber] mit der Verpflichtung zur Wahrung ihres Bestandes (substancia) zu benutzen oder von den Früchten eines fremden Grundstücks (fundo) das für den Bedarf des Nutzungsberechtigten (usuario) und seiner Familie Erforderliche zu nehmen, besteht."

2) Art. 2807 ff. des Zivilgesetzbuchs. **Art. 2807** a. a. O. lautet: „Der Nießbrauch (usufructo) ist das dingliche Recht, eine Sache, die einem anderen zu Eigentum gehört, zu gebrauchen und ihre Nutzungen zu ziehen."

3) Das Wohnungsrecht ist eine besondere Art des in Anmerkung 1 erläuterten Gebrauchsrechts. **Art. 2948 Abs. 2** des Zivilgesetzbuchs bestimmt: „Wenn es (das Gebrauchsrecht) sich auf ein Haus und den Nutzen, darin zu wohnen, bezieht, wird es in diesem Gesetzbuch Wohnungsrecht (derecho de habitación) genannt."

4) servidumbre; Art. 2970 ff. des Zivilgesetzbuchs. Es gibt Grunddienstbarkeiten (Art. 2971) und persönliche Dienstbarkeiten (Art. 2972).

5) anticresis (Antichrese); Art. 3239 ff. des Zivilgesetzbuchs. **Art. 3239** a. a. O. lautet: „Die Antichresis ist das dem Gläubiger vom Schuldner oder einem Dritten an dessen Stelle eingeräumte dingliche Recht, das ihn in den Besitz einer unbeweglichen Sache setzt und ihn befugt, die Früchte unter jährlicher Anrechnung auf die Zinsen der Forderung, wenn solche geschuldet sind, und, falls die Früchte die Zinsen übersteigen, auf das Kapital oder auf das Kapital allein, wenn keine Zinsen geschuldet sind, zu ziehen."

6) despojare. Der Begriff des despojo entspricht etwa dem unseren der verbotenen Eigenmacht. Nach argentinischem Zivilrecht liegt despojo vor, wenn jemandem gewaltsam der Besitz eines Grundstücks ganz oder teilweise entzogen wird (Gómez III 259, 260). Die actio possessoria (acción posesoria), die eine acción de despojo — Klage wegen Besitzentziehung — oder eine acción de manutención — Klage wegen Besitzstörung — sein kann, ist nur bei Grundstücken gegeben (Art. 2487, 2488, 2495 Zivilgesetzbuch). Gegen die Entziehung beweglicher Sachen kann nur mit der Zivilklage wegen Diebstahls oder einer ähnlichen Klage vorgegangen werden (Art. 2488 a. a. O.). — Der strafrechtliche Besitzschutz des Art. 181 Z. 1 StGB bezieht sich wie die zivilrechtliche Besitzschutzklage nur auf unbewegliche Sachen, umfaßt daneben aber auch einige dingliche Rechte an Grundstücken; ferner läßt er im Gegensatz zur zivilrechtlichen Besitzschutzklage auch eine Entziehung durch Täuschung oder Vertrauensmißbrauch genügen (Beschränkung im Zivilgesetzbuch: Art. 2492). Wegen der Besitzstörung vgl. Art. 181 Ziff. 3.

7) apoderarse (sich bemächtigen) — entspricht dem rem sibi habere. In der argentinischen Literatur wird die Bezeichnung „Zueignungs"-Absicht abgelehnt, da von einer Zueignung im zivilrechtlichen Sinne nicht gesprochen werden könne. Das Sich-Bemächtigen ist die Inbesitznahme als Eigenbesitzer. Vgl. Anm. 4 zu Art. 162 und S. 74 Anm. 8.

8) turbare. Vgl. oben Anm. 6.

9) acueductos (Aquädukte).

Schleusen, Schleusentore oder ähnliche Werke in Flüssen, Bächen, Quellen, Behältern, Kanälen oder Wasserleitungen zerstört oder verändert, so ist die Strafe bis auf zwei Jahre zu erhöhen.

Siebentes Kapitel

Sachbeschädigung

Art. 183. Wer eine ganz oder teilweise fremde bewegliche oder unbewegliche Sache oder ein ganz oder teilweise fremdes Tier zerstört, unbrauchbar macht, verschwinden läßt oder beschädigt, wird, wenn die Tat kein schwerer zu bestrafendes Verbrechen darstellt, mit Gefängnis von fünfzehn Tagen bis zu einem Jahr bestraft.

Art. 184. Auf Gefängnis von drei Monaten bis zu vier Jahren ist zu erkennen, wenn

1. die Tat zu dem Zweck, die freie Amtsausübung durch die Obrigkeit zu hindern, oder aus Rache gegen deren Anordnungen begangen worden ist;
2. eine Ansteckung unter dem Geflügel oder anderen Haustieren hervorgerufen wird;
3. giftige oder ätzende Stoffe verwendet werden;
4. das Verbrechen an unbewohntem Ort von einer Bande[1]) begangen wird[2]);
5. das Verbrechen an Archiven, Registern, Bibliotheken, Museen oder an Brücken, Straßen, Spazierwegen oder andern im Gemeingebrauch[3]) stehenden Sachen, an Grabmälern, Gedenkzeichen, Denkmälern, Standbildern, Bildern oder anderen Kunstgegenständen, die in öffentlichen Gebäuden oder an öffentlichen Orten aufgestellt sind, begangen wird.

Achtes Kapitel

Allgemeine Bestimmungen

Art. 185. Für die Verbrechen des Diebstahls, des Betruges und der Sachbeschädigung, die sie gegeneinander begehen, sind

1. die Ehegatten, die Verwandten auf- und absteigender Linie und die in gerader Linie Verschwägerten[4]),
2. der verwitwete Ehegatte bezüglich der Sachen, die seinem verstorbenen Gatten gehörten und noch nicht in die Gewalt eines anderen gelangt sind, und
3. die Geschwister und die Schwäger, die zusammen leben,

ungeachtet ihrer zivilrechtlichen Verantwortlichkeit strafrechtlich nicht verantwortlich.

Dies gilt nicht für die Teilnehmer an dem Verbrechen, die nicht zu dem genannten Personenkreis gehören.

---

[1]) Der Begriff der Bande entspricht dem der unerlaubten Vereinigung des Art. 210.

[2]) Vgl. Art. 166 Ziff. 2.

[3]) uso público.

[4]) Die Schwägerschaft in gerader Linie wird durch Verwandte auf- und absteigender Linie vermittelt (Art. 363 des Zivilgesetzbuchs).

Siebenter Abschnitt
Verbrechen gegen die öffentliche Sicherheit
Erstes Kapitel
Brandstiftungen und andere Verheerungen

Art. 186. Wer einen Brand, eine Explosion oder eine Überschwemmung verursacht, wird bestraft

1. mit Zuchthaus oder Gefängnis von drei bis zu zehn Jahren, wenn eine gemeine Gefahr[1]) für Sachgüter[2]) entsteht;

2.[3]) mit Zuchthaus oder Gefängnis von drei bis zu zehn Jahren, falls er
   a) Lagen ungedroschenen Getreides, Getreide in Garben oder Säcken oder noch nicht geerntetes Getreide,
   b) Wälder, Weinberge, Ölbaumanlagen, Zuckerrohrpflanzungen, Baumwollfelder, Matepflanzungen oder eine andere in Nutzung befindliche Baum- oder Sträucherpflanzung, mögen ihre Früchte noch auf dem Halm oder schon abgeerntet sein,
   c) auf dem Felde befindliches Vieh oder tierische Erzeugnisse, die auf dem Felde angehäuft oder die eingelagert sind,
   d) Brennholz oder Holzkohle, die am Gewinnungsort aufgeschichtet oder angehäuft und für den Handel bestimmt sind,
   e) angepflanzte Luzerne oder anderes angebautes Futter, mag es sich auf dem Halm, in Lagen, Garben, Ballen oder im Silo befinden,
   f) die in den vorhergehenden Absätzen genannten Erzeugnisse, falls sie verladen oder abgestellt sind oder sich in Bewegung befinden,

   in Brand setzt[4]) oder auf andere Weise[5]) zerstört;

3. mit Zuchthaus oder Gefängnis von drei bis zu fünfzehn Jahren, wenn ein öffentliches Archiv, eine Bibliothek, ein Museum, ein Zeughaus, eine Schiffswerft, eine Fabrik, die Schießpulver oder militärisches Feuerwerk herstellt, oder ein Geschützpark gefährdet[6]) wird;

4. mit Zuchthaus oder Gefängnis von drei bis zu fünfzehn Jahren, wenn das Leben eines Menschen gefährdet wird[7]);

5. mit Zuchthaus oder Gefängnis von acht bis zu zwanzig Jahren, wenn die Tat unmittelbar den Tod eines Menschen verursacht hat[8]).

---

1) Es ist eine drohende, keine schon im Gange befindliche (also wohl eine abstrakte) Gefahr gemeint. Gemeine Gefahr ist die Gefahr für die Gesamtheit der Sachen, die sich an dem Ort, wo das Feuer usw. entsteht, befinden (Oderigo S. 290 Note 1004).

2) Bienes = Sachen, die zu einem Vermögen gehören, dessen Inhaber sie nützen (Diccionario de derecho privado, Barcelona 1954, Artikel „Bienes"). Die »Partidos« definierten »bienes« als diejenigen Sachen, deren sich die Menschen bedienen und mit denen sie sich zu helfen wissen.

3) Bei den Tatbeständen des Art. 186 Ziff. 2 handelt es sich im Grunde nicht um Verbrechen gegen die öffentliche Sicherheit, sondern um qualifizierte Eigentumsdelikte. Sie wurden zum Schutz der Landwirtschaft, deren Arbeit und deren Erzeugnisse „die wertvollste nationale Leistung" und die „dauerhafteste Quelle des Reichtums" des Landes seien, geschaffen (Gómez III 302/303). — Trotzdem scheint es umstritten zu sein, ob nicht auch im Falle der Ziff. 2 eine Gemeingefahr zum Tatbestand gehört.

4) causare incendio.

5) eingeschlossen Explosion und Überschwemmung.

6) Vgl. Anm. 1.

7) Die Gefahr muß bestehen, wenn die Tat geschieht; nachträgliche Gefahr für Zuschauer, Feuerwehrleute usw. genügt nicht (Oderigo S. 292 Note 1015). Vgl. auch Anm. 1.

8) Vgl. auch Art. 80 Z. 2.

Art. 187. Mit den im vorigen Artikel angedrohten Strafen wird bestraft, wer durch Versenken oder Strandenlassen eines Schiffes[1]), Einstürzenlassen eines Gebäudes[2]), Überschwemmung, durch eine Mine[3]) oder ein anderes gewaltiges[4]) Zerstörungsmittel eine Verheerung[5]) anrichtet.

Art. 188. Wer Deiche oder andere Werke[6]), die zum allgemeinen Schutz vor Überschwemmungen oder anderem Unheil bestimmt sind, zerstört oder unbrauchbar macht und dadurch die Gefahr[7]) einer Überschwemmung oder anderen Unheils herbeiführt, wird mit Gefängnis von einem Jahr bis zu sechs Jahren bestraft.

Ebenso wird bestraft, wer, um das Löschen eines Brandes oder die Veranstaltungen[6]) zur Abwehr einer Überschwemmung, eines Schiffsunterganges, eines Schiffbruchs oder eines anderen Unheils zu hindern, Material, Gerät oder sonstige Mittel, die zum Löschen oder zu der erwähnten Abwehr bestimmt sind, entwendet, verheimlicht oder unbrauchbar macht[8]).

Art. 189. Wer durch Unvorsichtigkeit oder Nachlässigkeit, durch Unerfahrenheit in seinem Beruf[9]) oder Gewerbe[10]) oder durch Nichtbeachten der Vorschriften[11]) einen Brand oder andere Verheerungen verursacht, wird mit Gefängnis von einem Monat bis zu einem Jahr bestraft[12]).

Wenn die fahrlässige Handlung oder Unterlassung einen Menschen in Lebensgefahr gebracht oder den Tod eines Menschen verursacht hat, so kann die Strafe bis auf vier Jahre erhöht werden.

Zweites Kapitel

Verbrechen gegen die Sicherheit der Transport- und Verkehrsmittel

Art. 190. Wer die für den öffentlichen Verkehr auf dem Lande oder auf dem Wasser bestimmten Wege oder Anlagen[13]) ganz oder teilweise unbrauchbar macht oder zerstört oder die Ausführung der zu ihrer Sicherung ergriffenen Maßnahmen hindert oder stört, wird mit Gefängnis von sechs Monaten bis zu zwei Jahren bestraft[14]).

---

1) Kleine Boote oder Barkassen gelten nicht als Schiffe (Oderigo S. 292 Note 1021).

2) Vgl. Art. 174 Ziff. 4. Der Unterschied liegt wesentlich im Subjektiven; bei Art. 187 ist der vom Täter verfolgte Zweck der Einsturz des Gebäudes, bei Art. 174 Ziff. 4 stellt dieser Einsturz nur die Folge der zum Zweck rechtswidrigen Gewinns geschehenen Lieferung ungeeigneter Baustoffe dar (Mallo III 157).

3) Ursprünglich lautete der Gesetzestext: Überschwemmung einer Mine (= eines Bergwerks; inundación de una mina). Durch das Gesetz Nr. 11 221 über die Berichtigung von Fehlern wurde hinter inundación ein Komma eingefügt, so daß (por medio) de una mina nunmehr bedeutet „(mittels) einer Mine (= eines Sprengkörpers)".

4) poderoso. Mallo ist a. a. O. der Meinung, „poderoso" sei überflüssig, es genüge, daß das Mittel eine Verheerung anrichte.

5) estrago: beträchtliche Schäden oder Zerstörungen, die eine gemeine oder gegenwärtige Gefahr mit sich bringen (Oderigo S. 293 Note 1019). Gómez verlangt (III 305), daß die Verheerung eine Gemeingefahr hervorruft.

6) obras.

7) Der Vorsatz muß auch die Herbeiführung der Gefahr umfassen (Gómez III 307); a. A. Oderigo (S. 294 Note 1024): Vorhersehbarkeit genügt.

8) Abs. 2 betrifft die Fälle, in denen ein Unglück bereits geschehen ist und Maßnahmen zu seiner Abwehr getroffen werden. — Der Vorsatz des Täters muß darauf gerichtet sein, die Gefahr des Unheils durch Zerstören der Mittel zu seiner Verhinderung herbeizuführen (Gómez III, 307).

9) profesión.

10) arte; vgl. Anm. 2 zu Art. 20.

11) reglamentos u ordenanzas; vgl. Art. 77. Anders als in Art. 84 und 94 genügt die Verletzung von Pflichten der Stellung für sich allein nicht.

12) Vgl. zur Fahrlässigkeit und zur Kausalität S. 57 Anm. 2.

13) obras.

14) Vgl. auch Art. 184 Ziff. 5.

Das Höchstmaß der Strafe beträgt sechs Jahre, wenn aus der Tat eine Gefahr für Menschen entsteht. Wird ein Mensch getötet, so ist auf eine Strafe von drei bis zu fünfzehn Jahren Zuchthaus oder Gefängnis zu erkennen.

Art. 191. Wer ein Mittel anwendet, um die Fahrt eines Zuges aufzuhalten oder zu erschweren oder um den Zug entgleisen zu lassen, wird bestraft

1. mit Gefängnis von sechs Monaten bis zu drei Jahren, wenn eine Entgleisung oder ein anderer Unfall nicht eintritt;
2. mit Gefängnis von zwei bis zu sechs Jahren, wenn eine Entgleisung oder ein anderer Unfall eintritt;
3. mit Zuchthaus oder Gefängnis von drei bis zu zehn Jahren, wenn infolge des Unfalls ein Mensch verletzt[1]) wird;
4. mit Zuchthaus oder Gefängnis von zehn bis zu fünfundzwanzig Jahren, wenn ein Mensch getötet wird.

Art. 192. Wer eine Handlung vornimmt, die darauf gerichtet ist, den Betrieb einer für den Eisenbahndienst bestimmten Fernschreib- oder Fernsprechanlage zu unterbrechen, wird entsprechend den Strafandrohungen des vorigen Artikels bestraft[2]).

Art. 193. Wer stumpfe Gegenstände[3]) oder Geschosse gegen einen fahrenden Zug oder eine fahrende Straßenbahn wirft, wird mit Gefängnis von einem Monat bis zu einem Jahr bestraft, wenn die Tat nicht ein schwerer zu bestrafendes Verbrechen darstellt.

Art. 194. Wer eine Handlung vornimmt, die darauf gerichtet ist, die Sicherheit eines Schiffes[4]) oder eines Schiffbauwerkes zu gefährden oder die Schiffahrt aufzuhalten oder zu erschweren, wird mit Gefängnis von einem Jahr bis zu sechs Jahren bestraft.

Hat die Tat einen Schiffbruch, einen Seeschaden[5]) oder ein Stranden zur Folge, so ist auf eine Zuchthaus- oder Gefängnisstrafe von drei bis zu zwölf Jahren zu erkennen.

Auf eine Zuchthaus- oder Gefängnisstrafe von drei bis zu fünfzehn Jahren ist zu erkennen, wenn der Unfall die Verletzung eines Menschen verursacht, und auf Zuchthaus- oder Gefängnisstrafe von zehn bis zu fünfundzwanzig Jahren, wenn er den Tod zur Folge gehabt hat.

Art. 195. Die Führer, Kapitäne, Steuermänner, Mechaniker und die übrigen Bediensteten[6]) eines Zuges oder eines Schiffes[7]), die ihren Platz während ihres Dienstes vor Ankunft im Hafen oder an der Endstation

---

[1]) Siehe Art. 89 ff.

[2]) Wird die Unterbrechung nicht erreicht, so ist die Strafdrohung aus Art. 191 Ziff. 1, andernfalls aus Art. 191 Ziff. 2—4 zu entnehmen.

[3]) cuerpos contundentes (wörtlich: quetschende Körper): Körper, die eine Quetschung hervorrufen können; sie müssen jedoch geeignet sein, die Sicherheit der Transportmittel zu gefährden (Gómez III 334/335). Die Bezeichnung contundente ist aus Art. 313 des ital. StGB von 1889 (jetzt Art. 432 des StGB von 1930) übernommen worden.

[4]) Vgl. Anm. 1 zu Art. 187.

[5]) avería (Havarie); nach Art. 1312 2. Halbs. des Handelsgesetzbuchs alle Schäden, die dem Schiff oder der Ladung anläßlich der Reise oder während derselben bis zur Ankunft und Entladung entstehen.

[6]) Gleich, ob sie im technischen oder verwaltungsmäßigen Dienst stehen (Oderigo S. 300 Note 1056).

[7]) Vgl. Anm. 1 zu Art. 187.

der Eisenbahnfahrt verlassen, werden, sofern die Tat nicht ein schwerer zu bestrafendes Verbrechen darstellt[1]), mit Gefängnis von einem Monat bis zu einem Jahr bestraft.

Art. 196. Wer durch Unvorsichtigkeit, Nachlässigkeit, Unerfahrenheit in seinem Beruf oder Gewerbe oder durch Nichtbeachten der Vorschriften eine Entgleisung, einen Schiffbruch oder einen anderen in diesem Kapitel erwähnten Unfall verursacht, wird mit Gefängnis von sechs Monaten bis zu zwei Jahren bestraft[2]).

Wird durch die Tat ein Mensch verletzt oder getötet, so ist auf Gefängnis von einem Jahr bis zu vier Jahren zu erkennen.

Art. 197. Wer eine Fernschreib- oder Fernsprechverbindung unterbricht oder stört oder der Wiederherstellung der unterbrochenen Verbindung gewaltsam widersteht, wird mit Gefängnis von sechs Monaten bis zu zwei Jahren bestraft[3]).

Drittes Kapitel

Seeräuberei

Art. 198. Mit Zuchthaus oder Gefängnis von drei bis zu fünfzehn Jahren wird bestraft,

1. wer auf dem Meer oder den Flüssen der Republik ein Schiff plündert oder Gewalt gegen dasselbe anwendet[4]) oder die Tat gegen Menschen oder Sachen auf dem Schiff begeht, ohne dazu von einer kriegführenden Macht befugt worden zu sein oder ohne daß das Schiff, mit dem er die Tat ausführt, zur Kriegsmarine einer anerkannten Macht[5]) gehört;
2. wer unter Mißbrauch eines rechtmäßig erteilten Kaperbriefes[6]) eine Plünderungshandlung oder eine Feindseligkeit, zu denen er nicht ermächtigt ist, zum Zweck der Befehdung[7]) gegen ein Schiff der Republik oder einer anderen Nation verübt;
3. wer sich eines Schiffes oder zum Schiffsgut[8]) gehörender Sachen durch Betrug[9]) oder unter Zwang[10]) gegen den Kommandanten bemächtigt;
4. wer ein Schiff, seine Ladung oder Sachen, die seiner Besatzung gehören, an Seeräuber[11]) übergibt;

---

[1]) Vgl. vor allem Art. 191 und 194.

[2]) Vgl. die Anmerkungen zu Art. 189 und 84.

[3]) Nach Art. 52 des Telegrafengesetzes ist die Tat auch fahrlässig begehbar (Mallo III 174).

[4]) practicare algún acto de violencia; vgl. S. 76 Anm. 9.

[5]) Es muß sich um eine kriegführende Macht handeln (Oderigo S. 303 Note 1069).

[6]) Vgl. dazu Art. 67 Ziff. 22 der Verfassung Argentiniens von 1853: „Der Kongreß ist zuständig: . . . 22. Kaper- und Repressalienbriefe zu erteilen und Prisenvorschriften zu erlassen." — Die Republik Argentinien hat aber nie einen Kaperbrief erteilt und keine Prisenvorschriften erlassen (Mallo III 180). — In der Verfassung von 1949 ist die Erteilung von Kaperbriefen nicht mehr vorgesehen.

[7]) hostilizar (Feindseligkeiten verüben, an-, befeinden).

[8]) equipaje; damit sind alle beweglichen Sachen, die sich im Schiff befinden, gemeint (einschließlich des Gepäcks der Reisenden und der Besatzung) (Mediano, Note 2 zu Art. 198 Ziff. 3).

[9]) Auch der Betrug muß gegen den Kommandanten begangen worden sein (Gómez III 364).

[10]) Vgl. S. 76 Anm. 9.

[11]) Seeräuber (pirata) und Freibeuter (corsario, Korsar, vgl. Anm. 6) unterscheiden sich dadurch, daß der Letzte auf Grund einer Ermächtigung (Kaperbrief) und nur gegen feindliche Schiffe tätig wird (Oderigo S. 303 Note 1074); das vorliegende Kapitel bestraft nur die Seeräuberei, während die Freibeuterei im genannten Sinne als rechtmäßig gilt.

5. wer sich mit Drohungen oder Zwang[1]) widersetzt, daß der Kommandant oder die Besatzung das von Seeräubern angegriffene Schiff verteidigt;
6. wer ein zur Seeräuberei bestimmtes Schiff für eigene oder fremde Rechnung ausrüstet;
7. der Argentinier oder der in der Republik ansässige Ausländer, der mit Seeräubern Handel treibt oder ihnen Hilfsmittel verschafft;
8. der Befehlshaber eines bewaffneten Schiffes, der mit zwei oder mehr Kaperbriefen verschiedener Mächte fährt.

Art. 199. Wenn der Zwang oder die Feindseligkeit, die im vorigen Artikel genannt sind, den Tod eines Menschen, der sich auf dem angegriffenen Schiff befand, zur Folge hat, ist auf eine Strafe von zehn bis zu fünfundzwanzig Jahren Zuchthaus oder Gefängnis zu erkennen.

Viertes Kapitel

Verbrechen gegen die öffentliche Gesundheit

Vergiften und Verfälschen von Trinkwasser, Nahrungsmitteln und Heilmitteln

Art. 200. Wer Trinkwasser, Nahrungs-[2]) oder Heilmittel, die zum öffentlichen Gebrauch oder zum Verbrauch durch eine Mehrheit von Personen bestimmt sind[3]), in einer für die Gesundheit gefährlichen Weise vergiftet oder verfälscht, wird mit Zuchthaus oder Gefängnis von drei bis zu zehn Jahren bestraft.

Hat die Handlung den Tod eines Menschen zur Folge, so ist auf eine Strafe von zehn bis zu fünfundzwanzig Jahren Zuchthaus oder Gefängnis zu erkennen.

Art. 201. Mit den im vorigen Artikel angedrohten Strafen wird bestraft, wer für die Gesundheit gefährliche Heilmittel oder Waren verkauft, zum Verkauf anbietet, aushändigt oder verbreitet und dabei ihre schädliche Beschaffenheit verheimlicht.

Art. 202. Wer eine gefährliche und für Menschen ansteckende Krankheit verbreitet, wird mit Zuchthaus oder Gefängnis von drei bis zu fünfzehn Jahren bestraft[4]).

Art. 203. Wird eine der in den drei vorhergehenden Artikeln genannten Taten aus Unvorsichtigkeit, Nachlässigkeit oder Unerfahrenheit im eigenen Gewerbe oder Beruf oder durch Nichtbeachten der Vorschriften begangen[5]), so ist auf Geldstrafe von fünfhundert bis zu zweitausend Pesos zu erkennen, wenn niemand erkrankt oder stirbt, und auf Gefängnis von sechs Monaten bis zu zwei Jahren, wenn ein Mensch erkrankt oder stirbt.

---

[1]) Vgl. S. 76 Anm. 9.

[2]) Nahrungsmittel (substancias alimenticias oder alimentos) sind alle festen oder flüssigen Stoffe, die der Ernährung dienen, sei es in der Hauptsache, ergänzend oder zusätzlich (Gómez III 372; er scheint auch Kaffee als Getränk zu den Nahrungsmitteln zu zählen).

[3]) Sind sie nur zum Gebrauch oder Verbrauch bestimmter Personen vorgesehen, so hat die Tat wegen fehlender Gemeingefahr nicht den Charakter einer Straftat gegen die öffentliche Sicherheit (Gómez III 373).

[4]) Die Ansteckung eines andern mit einer Geschlechtskrankheit (was nicht notwendig ein Verbreiten darstellt) wird gemäß Art. 18 des Gesetzes Nr. 12 331 vom 17. Dezember 1936 (über die Vorbeugung gegen Geschlechtskrankheiten und die Pflichtuntersuchung vor der Eheschließung) mit der in Art. 202 StGB angedrohten Strafe bestraft.

[5]) Vgl. die Anmerkungen zu Art. 189 und 84.

Art. 204.[1]) Wer verkaufsbefugt[2]) ist und Alkaloide oder Betäubungsmittel[3]) ohne ärztliche Verordnung verkauft, aushändigt oder liefert, wird mit Gefängnis von sechs Monaten bis zu zwei Jahren bestraft. In derselben Weise verantwortlich sind der Arzt, der sie in größeren Mengen, als das Arzneimittelbuch[4]) angibt, verordnet, und der Apotheker oder der Angestellte, der sie in diesen Mengen verabfolgt[5]).

Geschieht der Verkauf, die Aushändigung oder die Lieferung durch eine zum Verkauf von Arzneimitteln nicht befugte Person, so ist auf eine Gefängnisstrafe von drei Monaten bis zu einem Jahr zu erkennen.

Ebenso wird bestraft, wer, ohne verkaufsberechtigt zu sein, Drogen, auf die sich dieses Gesetz bezieht[6]), hat und nicht den rechtmäßigen Grund seines Besitzes oder seiner Innehabung[7]) nachweist.

Wer zum Verkauf von Arzneimitteln befugt ist und sie in einer der ärztlichen Verordnung nicht entsprechenden oder von der angegebenen oder vereinbarten verschiedenen Art, Beschaffenheit oder Menge verabfolgt, wird mit Geldstrafe von fünfhundert bis zu zweitausend Pesos bestraft.

In jedem der in diesem Artikel genannten Fälle ist auf eine Gefängnisstrafe von drei bis zu fünfzehn Jahren zu erkennen, wenn ein Mensch erkrankt oder getötet wird.

Art. 205. Wer den Maßregeln zuwiderhandelt[8]), die von den zuständigen Behörden getroffen worden sind, um das Einschleppen oder Verbreiten einer Seuche zu verhindern, wird mit Gefängnis von sechs Monaten bis zu zwei Jahren bestraft.

Ebenso[9]) wird bestraft, wer Alkaloide oder Betäubungsmittel heimlich in das Land einführt. Die unter diesen Voraussetzungen eingeführten Erzeugnisse werden eingezogen.

Art. 206. Wer den Vorschriften der viehseuchenpolizeilichen Gesetze zuwiderhandelt, wird mit Gefängnis von einem Monat bis zu sechs Monaten bestraft.

Art. 207. Ist der Schuldige ein öffentlicher Amtsträger[10]) oder übt er einen Beruf oder ein Gewerbe[11]) aus, so ist gegen ihn im Falle der Ver-

---

[1]) Durch die Gesetze Nr. 11 309 vom 2. Juli 1924 und Nr. 11 331 vom 29. Juli 1926 wurden die Absätze 1, 2 und 3 des Art. 204 eingefügt und die Strafe des (jetzigen) Art. 5 von zwei bis zu sechs Jahren auf drei bis zu fünfzehn Jahren Gefängnis erhöht.

[2]) d. h. zum Verkauf von Arzneimitteln befugt (Oderigo S. 308 Note 1098).

[3]) Betäubungsmittel (narcóticos) sind einschläfernde oder betäubende Mittel. Eine Aufzählung solcher Mittel (die jedoch für Art. 204 StGB nur eine beispielgebende Bedeutung hat) enthält das Dekret vom 19. Februar 1938 über den Verkehr mit Betäubungsmitteln (Gómez III 378).

[4]) Farmacopea; dies ist der Codex Medicamentarius des Gesetzes Nr. 10 983 vom 30. September 1919. Er wird alle fünf Jahre revidiert (Oderigo S. 309 Note 1100; Gómez III 380).

[5]) Der Codex medicamentarius verbietet nicht, bestimmte Höchstgrenzen für Arzneimitteldosen zu überschreiten; die von ihm angegebenen Höchstdosen haben nur den Charakter von Richtsätzen, die der Arzt gegebenenfalls überschreiten darf. Daher ist das Verordnen höherer Dosen trotz Art. 204 Abs. 1 Satz 2 StGB nicht strafbar (Oderigo S. 309 Note 1100; Gómez III 380; Mallo III 194, 195; Cámara Criminal y Correccional de la Capital, Urteil vom 22. März 1938, La Ley Bd. 10 S. 9; zit. nach Gómez a. a. O.).

[6]) Alkaloide und Betäubungsmittel, siehe Anm. 3.

[7]) Vgl. über Besitz und Innehabung S. 74 Anm. 8.

[8]) violare.

[9]) Abs. 2 des Art. 205 wurde durch das Gesetz Nr. 11309 (vgl. Anm. 1 zu Art. 204) vom 2. Juli 1924 eingefügt.

[10]) Vgl. Art. 77.

[11]) profesión o arte. Es braucht sich nicht um eine Tätigkeit zu handeln, die durch Vorschriften geregelt ist (Gómez III 384). Vgl. Anm. 2 zu Art. 20.

urteilung wegen eines in diesem Kapitel angeführten Verbrechens[1]) außerdem auf besondere Aberkennung oder Beschränkung von Rechten und Fähigkeiten[2]) für die doppelte Dauer der Strafe zu erkennen. Wird eine Geldstrafe verhängt, so dauert die besondere Aberkennung oder Beschränkung von einem Monat bis zu einem Jahr.

Art. 208. Mit Gefängnis von fünfzehn Tagen bis zu einem Jahr wird bestraft,

1. wer ohne Bestallung oder Erlaubnis zur Ausübung eines Heilgewerbes[3]) oder unter Überschreitung der Grenzen seiner Erlaubnis Arzneimittel, Wässer, Elektrizität, Hypnotismus oder ein anderes zur Behandlung menschlicher Krankheiten bestimmtes Mittel gewohnheitsmäßig ankündigt, verordnet, verabreicht oder anwendet, auch wenn dies unentgeltlich geschieht;
2.[4]) wer eine Bestallung oder Erlaubnis zur Ausübung eines Heilgewerbes besitzt und die Heilung von Krankheiten zu einem festen Zeitpunkt oder durch geheime oder unfehlbare Mittel ankündigt oder verspricht;
3. wer eine Bestallung oder Erlaubnis zur Ausübung eines Heilgewerbes besitzt und seinen Namen an einen andern, der keine Bestallung oder Erlaubnis hat, hergibt, damit dieser die Handlungen, auf die sich Ziffer 1 dieses Artikels bezieht, begehe.

Achter Abschnitt

Verbrechen gegen die öffentliche Ordnung

Erstes Kapitel

Aufforderung[5]) zur Verbrechensbegehung

Art. 209. Wer öffentlich zur Begehung eines bestimmten Verbrechens[6]) gegen einen Menschen oder eine Einrichtung[7]) auffordert, wird wegen der bloßen Aufforderung je nach der Schwere des Verbrechens und den übrigen in Art. 41 angeführten Umständen mit Gefängnis von einem Monat bis zu vier Jahren bestraft[8]).

Zweites Kapitel

Unerlaubte Vereinigung

Art. 210. Wer an einer Vereinigung oder Bande[9]) von drei oder mehr Personen, die dazu bestimmt ist, Verbrechen[10]) zu begehen, teilnimmt, wird wegen der bloßen Tatsache seiner Mitgliedschaft mit Zuchthaus oder Gefängnis von einem Monat bis zu fünf Jahren bestraft.

---

1) Das Verbrechen muß bei Ausübung des Amtes, Berufes oder Gewerbes begangen worden sein (Gómez III 384).

2) Vgl. Art. 20.

3) arte de curar. Wegen des „Gewerbes" vgl. Anm. 2 zu Art. 20.

4) Dieses Delikt wird gewöhnlich „Scharlatanerie" genannt.

5) instigación.

6) Eine Übertretung genügt nicht, wohl aber ein Privatklageverbrechen.

7) institución.

8) Wird das Verbrechen begangen, so ist die Aufforderung (Anstiftung) als Teilnahme (Art. 45 ff.) strafbar, nicht nach Art. 209.

9) Vereinigung und Bande sind hier gleichbedeutend.

10) Nach der Lehre muß es sich um unbestimmte Verbrechen handeln; die Verabredung eines bestimmten Verbrechens fällt nicht unter Art. 210 (Gómez III 408; Mallo III 208). Zwischen Art. 210 und der späteren Ausführung eines Verbrechens besteht Realkonkurrenz. Nach der Rechtsprechung muß bei Art. 166 Ziff. 2, 167 Ziff. 2, 184 Ziff. 4 eine „Bande" i. S. des Art. 210 bestehen (Gómez III 408).

Drittes Kapitel

Öffentliche Einschüchterung

Art. 211. Wer in der Absicht, öffentlich[1]) Furcht zu erregen oder Aufruhr oder Unruhe zu stiften, Signale oder Alarmrufe gibt, Bomben oder Sprengstoffe explodieren läßt, sie zu diesem Zweck anbringt oder mit einem gemeingefährlichen Unheil droht, wird mit Gefängnis von einem Monat bis zu zwei Jahren bestraft.

Art. 212.[2]) Es wird bestraft

1. mit Gefängnis von einem Monat bis zu vier Jahren, wer in anderen als den vom Gesetz gestatteten Fällen oder ohne Erlaubnis der zuständigen Behörde
   a) Schießpulver, Sprengstoffe, chemische Kampfstoffe oder ähnliche Stoffe oder Werkzeuge oder Stoffe, die zu ihrer Herstellung bestimmt sind,
   b) Waffen, Munition oder sonstiges als „Kriegswaffe" bezeichnetes Material

   in das Land einführt oder ausführt, herstellt, befördert, verkauft, einem anderen aus welchem Rechtsgrund auch immer übergibt, innehat oder führt;
2. mit Gefängnis von fünfzehn Tagen bis zu einem Jahr, wer in anderen als den vom Gesetz gestatteten Fällen oder ohne Erlaubnis der zuständigen Behörde Waffen, Munition oder sonstiges als Waffe für den zivilen Gebrauch bezeichnetes Material in das Land einführt oder ausführt, herstellt, befördert oder mit den genannten Gegenständen eine andere unter mehrere Gerichtsbarkeiten fallende[3]) Tätigkeit entfaltet;
3. mit Gefängnis von fünfzehn Tagen bis zu sechs Monaten, wer in anderen als den von den Gesetzen oder den Vorschriften[4]) gestatteten Fällen oder ohne Erlaubnis der zuständigen Behörde in örtlich begrenzter Tätigkeit Waffen, Munition oder sonstiges als Waffe für den zivilen Gebrauch bezeichnetes Material verkauft oder einem anderen aus welchem Rechtsgrund auch immer übergibt, innehat oder führt;
4. mit Gefängnis von sechs Monaten bis zu vier Jahren,
   a) wer das Verfahren, einen Brand oder Verheerungen zu verursachen und die zu diesem Zweck bestimmten Stoffe herzustellen, bekanntmacht[5]);
   b) wer die Mittel zur Schädigung von Maschinen oder der Erzeugung bekanntmacht[5]).

Das Gericht kann von Strafe absehen, wenn der Angeklagte sich erstmals der in den Ziffern 2 und 3 genannten Verbrechen schuldig gemacht hat, sofern sein Vorleben und die Tatumstände die geringe Gefährlichkeit des Angeklagten ergeben.

---

[1]) d. h. in der Bevölkerung oder einem Teil derselben (einer unbestimmten Anzahl von Personen).

[2]) In der Fassung des Art. 35 des Gesetzes Nr. 13945 vom 3. Oktober 1950 über das Halten von Waffen und Explosivstoffen und den Verkehr mit ihnen.

[3]) interjurisdiccional.

[4]) reglamentos; vgl. Art. 77.

[5]) propague (hier: die Kenntnis an eine unbestimmte Anzahl von Personen verbreitet).

Viertes Kapitel

Verherrlichung des Verbrechens[1])

Art. 213. Wer öffentlich ein Verbrechen oder einen wegen eines Verbrechens Verurteilten verherrlicht, wird mit Gefängnis von einem Monat bis zu einem Jahr bestraft.

Neunter Abschnitt

Verbrechen gegen die Sicherheit der Nation[2])

Erstes Kapitel

Verrat

Art. 214[3]). Der Argentinier und jede der Nation auf Grund ihres öffentlichen Amtes oder Dienstes[4]) Gehorsam schuldige Person, die die Waffen gegen die Nation ergreifen, sich mit ihren Feinden verbünden oder diesen Hilfe oder Beistand leisten, werden, sofern auf die Tat nicht eine andere Bestimmung dieses Gesetzbuchs anzuwenden ist, mit Zuchthaus oder Gefängnis von zehn bis zu fünfundzwanzig Jahren oder mit lebenslangem Zuchthaus oder Gefängnis und in jedem Falle mit dauernder umfassender Aberkennung oder Beschränkung von Rechten und Fähigkeiten[5]) bestraft.

Art 215. Mit lebenslangem Zuchthaus oder Gefängnis wird der Täter des im vorigen Artikel genannten Verbrechens bestraft, wenn er

1. eine Handlung begeht, die darauf gerichtet ist, die Nation ganz oder teilweise ausländischer Herrschaft zu unterwerfen oder ihre Unabhängigkeit oder Unversehrtheit[6]) zu beeinträchtigen oder
2. eine ausländische Macht verleitet oder veranlaßt, Krieg gegen die Republik zu führen.

Art. 216. Wer an einer Verschwörung von zwei oder mehr Personen zum Begehen eines der in den vorigen Artikeln genannten Verratsverbrechen teilgenommen hat, wird, wenn die Verschwörung vor Beginn ihrer Ausführung aufgedeckt worden ist, mit Zuchthaus oder Gefängnis von einem Jahr bis zu acht Jahren bestraft.

Art. 217. Straffrei bleibt, wer die Verschwörung der Behörde offenbart, bevor das Strafverfahren eröffnet worden ist[7]).

---

[1]) Apologia del crimen.

[2]) Delitos contra la seguridad de la nación. —

[3]) Vgl. Art. 33 der geltenden Verfassung vom 11. März 1949 (Art. 103 der früheren Verfassung i. d. F. vom 25. September 1860): „Der Verrat gegenüber der Nation besteht allein darin, die Waffen gegen die Nation zu ergreifen oder sich mit ihren Feinden unter Leistung von Hilfe und Beistand zu verbünden. Der Kongreß bestimmt durch besonderes Gesetz die Strafe für dieses Verbrechen; die Strafe richtet sich aber nur gegen die Person des Täters, und die Schändlichkeit des Angeklagten überträgt sich nicht auf seine Angehörigen gleich welchen Grades." — Beachte den Unterschied im Tatbestand des Art. 33 der Verfassung und des Art. 214 StGB.

[4]) empleo o función pública; vgl. Art. 77.

[5]) Vgl. Art. 19.

[6]) integridad.

[7]) d. h. bevor die Voruntersuchung eingeleitet worden ist. Diese beginnt auf Anzeige, Strafantrag, vorbereitende Maßnahmen der Polizei oder von Amts wegen (Art. 179 der Strafprozeßordnung für die Bundesgerichtsbarkeit, die Hauptstadt und die nationalen Gebietsteile vom 17. 10. 1888 [Gesetz Nr. 2372]).

Art. 218. Die in den vorigen Artikeln angedrohten Strafen werden auch verhängt, wenn die dort genannten Taten gegen eine der Republik verbündete Macht im Falle eines Krieges gegen einen gemeinsamen Feind begangen worden sind.

Zweites Kapitel

Verbrechen, die den Frieden oder das Ansehen der Nation gefährden

Art. 219.[1]) Wer durch feindselige Handlungen, die die Nationalregierung nicht billigt[2]), die Gefahr einer Kriegserklärung an die Nation herbeiführt, die Bewohner des Staatsgebietes[2a]) der Gefahr einer Bedrückung oder von Vergeltungsmaßnahmen[3]) gegen ihre Person oder ihr Vermögen aussetzt oder die freundschaftlichen Beziehungen der argentinischen Regierung zu einer ausländischen Regierung beeinträchtigt, wird mit Gefängnis von einem Jahr bis zu sechs Jahren bestraft.

Haben die genannten Feindseligkeiten einen Krieg zur Folge, so ist auf eine Zuchthaus- oder Gefängnisstrafe von drei bis zu fünfzehn Jahren zu erkennen.

Ein Verbrechen begeht auch und mit Gefängnis von sechs Monaten bis zu einem Jahr wird bestraft, wer

a) Kundgebungen, die die Neutralität der Nation gegenüber anderen, im Kriege befindlichen Mächten oder die freundschaftlichen Beziehungen zu fremden Ländern gefährden, veröffentlicht oder verbreitet,

b) Lehren oder Kundgebungen, die darauf gerichtet sind, die nationale Hoheitsgewalt[4]) durch eine ausländische zu ersetzen, die Regierung zu stürzen oder die in der Verfassung niedergelegte Freiheit durch eine Gewaltherrschaft abzulösen oder zu zerstören, veröffentlicht oder verbreitet.

Art. 220. Wer einem mit einer ausländischen Nation geschlossenen Vertrag[5]), einem zwischen der Republik und einer feindlichen Macht oder zwischen ihren kriegführenden Land- oder Seestreitkräften vereinbarten Waffenstillstand[6]) oder einem ordnungsgemäß ausgestellten Geleitschreiben[7]) zuwiderhandelt[8]), wird mit Gefängnis von sechs Monaten bis zu zwei Jahren bestraft[9]).

Art. 221. Wer die Immunitätsrechte eines Staatsoberhauptes[10]) oder eines Vertreters[11]) einer ausländischen Macht verletzt, wird mit Gefängnis von sechs Monaten bis zu zwei Jahren bestraft.

---

[1]) Abs. 3 des Art. 219 wurde durch Art. 3 des Gesetzes Nr. 13569 vom 13. Oktober 1949 hinzugefügt.

[2]) vor oder nach der Tat (Mallo III 228).

[2a]) nicht nur die Staatsangehörigen.

[3]) represalias (Repressalien).

[4]) soberanía (Souveränität) nacional.

[5]) Gemeint sind nur Friedens- und Freundschaftsverträge, da die Verletzung anderer internationaler Verträge durch Privatpersonen keine feindselige Handlung und keine Gefährdung des Friedens sein muß (Gómez III 441).

[6]) treguas y armisticios.

[7]) salvoconducto: Urkunde, die im Kriegsfall freien (sicheren) Durchgang durch feindliches Gebiet erlaubt (Gómez III 441; Oderigo S. 326 Note 1156).

[8]) violare.

[9]) Mallo hält Art. 220 für überflüssig, da alle von ihm erfaßten Taten als feindselige Handlungen unter Art. 219 fielen (III 231).

[10]) Oberhaupt eines fremden Staates, das sich gerade in Argentinien befindet (Gómez III 442).

[11]) Dazu gehören nicht die Konsuln (Gómez III 442).

Art. 222. Wer politische oder militärische Geheimnisse, die die Sicherheit, die Verteidigungsmittel oder die auswärtigen Beziehungen der Nation betreffen, offenbart, wird mit Zuchthaus oder Gefängnis von einem Jahr bis zu sechs Jahren bestraft[1]).

Ebenso wird bestraft, wer die Enthüllung des Geheimnisses erreicht[2]).

Art. 223. Wer die im vorigen Artikel erwähnten Geheimnisse, von denen er auf Grund seiner Stellung oder Beschäftigung Kenntnis besitzt, durch Unvorsichtigkeit oder Nachlässigkeit bekanntmacht, wird mit Gefängnis von einem Monat bis zu einem Jahr und besonderer Aberkennung oder Beschränkung von Rechten und Fähigkeiten[3]) von doppelter Dauer bestraft[4]).

Art. 224. Wer unbefugt Pläne von Befestigungen, Schiffen, Anstalten, Straßen oder anderen militärischen Werken anfertigt oder zum Zweck ihrer Anfertigung heimlich oder durch Täuschung in die genannten Orte eindringt, obwohl der Zutritt zu ihnen der Öffentlichkeit verboten ist, wird mit Gefängnis von sechs Monaten bis zu zwei Jahren bestraft.

Art. 225. Wer eine Unterhandlung mit einem ausländischen Staat, mit der er von der argentinischen Regierung beauftragt ist, dadurch in einer der Nation nachteiligen Weise führt, daß er von seinen Anweisungen abweicht, wird mit Zuchthaus oder Gefängnis von drei bis zu zehn Jahren bestraft.

Zehnter Abschnitt

Verbrechen gegen die öffentliche Gewalt und die verfassungsmäßige Ordnung

Erstes Kapitel

Aufstand[5])

Art. 226. Alle, die sich in Waffen erheben, um die Verfassung zu ändern, einen Träger der öffentlichen Gewalt der nationalen Regierung zu entfernen, ihm eine Maßnahme oder ein Zugeständnis abzunötigen oder, sei es auch nur zeitweise, die freie Ausübung seiner verfassungsmäßigen Befugnisse oder seine Bildung oder Erneuerung in der gesetzlich vorgeschriebenen Zeit und in den gesetzlichen Formen zu verhindern, werden mit Gefängnis von einem Jahr bis zu fünf Jahren bestraft.

Art. 227. Die Mitglieder des Kongresses, die der ausführenden Gewalt der Nation, und die Mitglieder der provinzialen gesetzgebenden Körperschaften[6]), die den Provinzialgouverneuren[7]) außerordentliche Befugnisse, die gesamte öffentliche Gewalt, Gehorsamkeiten[8]) oder Oberhoheiten, durch die das Leben, die Ehre oder das Vermögen der Argentinier einer Regierung oder einer Einzelperson preisgegeben werden, einräumen, wer-

[1]) Vgl. Art. 157. — Art. 222 kennt keine Einschränkung des Täterkreises.
[2]) Mittäter.
[3]) Vgl. Art. 20.
[4]) Wegen Fahrlässigkeit vgl. S. 57 Anm. 2.
[5]) rebelión.
[6]) Vgl. die Vorbemerkung der Einleitung.
[7]) gobernadores de provincia (= die Spitzen der Exekutive einer jeden Provinz = die Provinzialregierungen). Die Provinzialgouverneure sind zugleich die Beauftragten der Bundesregierung, die die Einhaltung der Verfassung und der Gesetze des Bundesstaates zu überwachen haben (Art. 103 der Verfassung von 1949).
[8]) sumisiones.

den mit den in Art. 215 für die Vaterlandsverräter angedrohten Strafen bestraft (Art. 29 der Nationalverfassung[1]))[2]).

Art. 228. Wer Konzilienbeschlüsse, päpstliche Bullen, Breven oder Reskripte ohne das Placet[3]) der Regierung, dessen sie zu ihrem Vollzug bedürfen, ausführt oder auszuführen befiehlt, wird mit Gefängnis von sechs Monaten bis zu zwei Jahren, und wer sie ausführt oder auszuführen befiehlt, obwohl das besagte Placet verweigert worden ist, mit Gefängnis von einem Jahr bis zu sechs Jahren bestraft[4]).

Zweites Kapitel

Aufruhr[5])

Art. 229. Alle die, ohne sich gegen die nationale Regierung aufzulehnen, eine Provinz[6]) gegen eine andere bewaffnen, sich in Waffen erheben, um die örtliche Verfassung zu ändern, einen Träger der öffentlichen Gewalt einer Provinz oder eines Gebietsteiles des Bundes[7]) zu entfernen, ihm eine Maßnahme oder ein Zugeständnis abzunötigen oder, sei es auch nur zeitweise, das freie Ausüben seiner gesetzlichen Befugnisse oder seine Bildung oder Erneuerung in der vom Gesetz bestimmten Zeit und in den gesetzlichen Formen zu verhindern, werden mit Gefängnis von einem Jahr bis zu drei Jahren bestraft.

Art. 230. Mit Gefängnis von einem Monat bis zu zwei Jahren werden bestraft

1. die Angehörigen einer bewaffneten Macht oder einer Personenvereinigung, die sich die Rechte des Volkes anmaßen und in dessen Namen Petitionen stellen (Art. 22 der Nationalverfassung[8]));
2. alle, die sich öffentlich erheben, um die Durchführung von Gesetzen der Nation oder der Provinzen oder von Beschlüssen öffentlicher Amtsträger[9]) der Nation oder der Provinzen zu verhindern, wenn die Tat kein nach diesem Gesetzbuch schwerer zu bestrafendes Verbrechen darstellt.

---

[1]) Art. 29 der Verfassung vom 25. Sept. 1860; jetzt Art. 20 der Verfassung vom 11. März 1949. Nach der genannten Verfassungsbestimmung sind die vorerwähnten Akte unheilbar nichtig, und wer sie formuliert, billigt oder unterzeichnet, ist verantwortlich und strafbar wie „die schändlichen Vaterlandsverräter" (Art. 29 der Verfassung von 1860; Art. 20 der Verf. von 1949).

[2]) Diejenigen, welche die in Art. 227 genannten Befugnisse eingeräumt erhalten, werden gegebenenfalls gemäß Art. 45 ebenso bestraft wie die Kongreßmitglieder (Gómez III 490; Mallo III 243).

[3]) pase.

[4]) Art. 228 bestraft die Verletzung des „Patronatsrechtes", das die Verfassung dem Staat über die Kirche einräumt. Art. 83 der Verf. vom 11. März 1949 bestimmt (ebenso wie früher Art. 86 der Verf. vom 25. Sept. 1860): „Der Staatspräsident hat die folgenden Befugnisse: ... 9) den Konzilienbeschlüssen, den Bullen, Breven und Reskripten des Papstes von Rom im Einklang mit dem Obersten Gerichtshof das Placet zu gewähren oder ihnen die Wirksamkeit zu versagen; dabei ist ein besonderes Gesetz erforderlich, wenn sie allgemeine Bestimmungen von bleibender Dauer enthalten."

[5]) Sedición.

[6]) Vgl. S. 89 Anm. 6.

[7]) eines Nationalterritoriums (vgl. die Vorbemerkung der Einleitung).

[8]) Der Verfassung vom 25. September 1860; jetzt Art. 14 der Verf. vom 11. März 1949, der lautet: „Das Volk beschließt und regiert nur mittels seiner durch diese Verfassung geschaffenen Vertreter und Amtsgewalten. Jede bewaffnete Macht oder jede Personenvereinigung, die sich die Rechte des Volkes anmaßt und in seinem Namen Petitionen stellt, begeht das Verbrechen des Aufruhrs."

[9]) Vgl. Art. 77.

Drittes Kapitel

Gemeinsame Bestimmungen für die vorhergehenden Kapitel

Art. 231. Sobald der Aufstand oder der Aufruhr offenbar wird, fordert die nächste nationale Behörde die Aufständischen oder Aufrührer zweimal auf, unverzüglich auseinanderzugehen oder sich zurückzuziehen. Sie läßt dabei zwischen der ersten und der zweiten Aufforderung die zum Auflösen oder Zurückziehen erforderliche Zeit verstreichen[1]).

Wenn die Aufständischen oder Aufrührer sich nicht unverzüglich nach der zweiten Aufforderung zurückziehen, wendet die Behörde Gewalt an, um sie zu zerstreuen.

Eine Aufforderung ist nicht erforderlich, sobald die Aufständischen oder Aufrührer Waffen gebrauchen.

Art. 232. Hat sich der Tumult aufgelöst, ohne einen anderen Schaden als die augenblickliche Störung der Ordnung verursacht zu haben, so wird das Verfahren nur gegen die treibenden Kräfte oder Leiter[2]) durchgeführt, die mit der Hälfte der auf das Verbrechen angedrohten Strafe bestraft werden.

Art. 233. Wer als treibende Kraft oder Leiter[3]) an einer Verschwörung von zwei oder mehr Personen zum Begehen eines Aufstandes oder eines Aufruhrs teilnimmt, wird, wenn die Verschwörung vor ihrer Ausführung entdeckt wurde, mit dem vierten Teil der Strafe für das Verbrechen, das man zu verüben suchte, bestraft.

Art. 234. Wer Truppen verleitet oder den Befehl über sie, über ein Kriegsschiff, einen befestigten Platz oder über einen Wachposten widerrechtlich an sich reißt[4]) oder eine politische oder militärische Befehlsgewalt rechtswidrig behält, um einen Aufstand oder Aufruhr zu begehen, wird mit der Hälfte der Strafe für das Verbrechen, das er zu verüben suchte, bestraft.

Wird der Aufstand oder Aufruhr ausgeführt, so ist auf die für die Täter des Aufstandes oder Aufruhrs angedrohte Strafe zu erkennen.

Art. 235.[5]) Die öffentlichen Amtsträger[6]), die ein in diesem Abschnitt genanntes Verbrechen gefördert oder ausgeführt haben, werden außerdem mit besonderer Aberkennung oder Beschränkung von Rechten und Fähigkeiten[7]) für die doppelte Dauer der Freiheitsstrafe bestraft.

Die Amtsträger, die einem Aufstand oder Aufruhr nicht mit allen ihnen zugänglichen Mitteln Widerstand geleistet haben, werden mit besonderer Aberkennung oder Beschränkung von Rechten und Fähigkeiten[7]) von einem Jahr bis zu sechs Jahren bestraft.

Das Höchstmaß der auf die Verbrechen dieses Abschnitts angedrohten Strafen wird für die Befehlshaber[8]) und Beamten[9]) der Polizei[10]), die

---

[1]) Nur die nationalen, nicht auch die provinzialen Behörden sind zum Eingreifen verpflichtet (von Gómez III 515 kritisiert). Die Nichterfüllung der in Art. 231 Abs. 1 aufgestellten Verpflichtung ist nicht mit Strafe bedroht. Vgl. auch Art. 235 Abs. 2.

[2]) promotores o directores.

[3]) Vgl. Anm. zu Art. 232.

[4]) usurpare.

[5]) Abs. 3 des Artikels 235 wurde durch Art. 36 des Gesetzes Nr. 13945 vom 3. Oktober 1950 über das Halten von Waffen und Explosivstoffen und den Verkehr mit ihnen eingefügt.

[6]) Vgl. Art. 77.

[7]) Vgl. Art. 20.

[8]) jefes.

[9]) agentes.

[10]) fuerza publica. Vgl. S. 96 Anm. 4.

diese Verbrechen unter Gebrauch oder Vorweisen von Waffen und sonstigen Angriffsgegenständen, die ihnen in ihrer Eigenschaft anvertraut worden sind, begehen, auf das Doppelte erhöht.

Art. 236.[1]) Begeht der Schuldige bei Ausführung eines Verbrechens dieses Abschnitts ein anderes Verbrechen, so sind die Vorschriften über das Zusammentreffen strafbarer Handlungen[2]) anzuwenden.

Elfter Abschnitt

Verbrechen gegen die öffentliche Verwaltung

Erstes Kapitel

Anschlag und Widerstand gegen die Staatsgewalt[3])

Art. 237. Wer gegen einen öffentlichen Amtsträger[4]) oder eine Person, die diesem auf sein Verlangen oder auf Grund einer gesetzlichen Pflicht Beistand leistet, mit Einschüchterung oder Gewalt vorgeht, um ihn zur Vornahme oder Unterlassung einer Amtshandlung[5]) zu nötigen, wird mit Gefängnis von einem Monat bis zu einem Jahr bestraft.

Art. 238. Auf Gefängnisstrafe von sechs Monaten bis zu zwei Jahren ist zu erkennen, wenn

1. die Tat von bewaffneter Hand begangen worden ist,
2. die Tat von einer Versammlung von mehr als drei Personen begangen worden ist,
3. der Schuldige ein öffentlicher Amtsträger[6]) ist,
4. der Verbrecher Hand an den Träger der Amtsgewalt gelegt hat.

Ist der Täter öffentlicher Amtsträger[6]), so ist gegen ihn außerdem die besondere Aberkennung oder Beschränkung von Rechten und Fähigkeiten[7]) für die doppelte Dauer der Freiheitstsrafe zu verhägnen.

Art. 239. Wer einem öffentlichen Amtsträger[8]) in der rechtmäßigen Ausübung seines Amtes[9]) oder einer Person, die dem Amtsträger auf sein Verlangen oder auf Grund einer gesetzlichen Pflicht Beistand leistet, Widerstand entgegensetzt oder nicht gehorcht, wird mit Gefängnis von fünfzehn Tagen bis zu einem Jahr bestraft.

Art. 240. Als öffentlicher Amtsträger im Sinne der beiden vorigen Artikel ist auch der Private anzusehen, der einen Verbrecher auf frischer Tat zu ergreifen sich bemüht oder ergriffen hat[10]).

---

1) Überflüssige Vorschrift.
2) Vgl. Art. 54 ff.
3) Atentado y resistencia contra la autoridad. — Atentado a la autoridad ist der Tatbestand des Art. 237, der unserer Beamtennötigung entspricht, resistencia a la autoridad (Widerstand gegen die Staatsgewalt) hingegen der des Art. 239.
4) Vgl. Art. 77.
5) acto propio de sus funciones.
6) Vgl. Art. 77.
7) Vgl. Art. 20.
8) Vgl. Art. 77.
9) de sus funciones.
10) Vgl. dazu Art. 3 u. 5 der Strafprozeßordnung für die Bundesgerichtsbarkeit und die Gerichte der Hauptstadt und der nationalen Gebietsteile (Gesetz Nr. 2372 vom 17. Okt. 1888).

Art. 3. Im Falle eines Verbrechens „auf frischer Tat" kann jeder Angehörige des Volkes den Verbrecher zu dem alleinigen Zweck festnehmen, ihn unverzüglich dem zuständigen Richter oder dem nächsten Polizeibeamten zu übergeben. Er hat zu schwören, daß er ihn das Verbrechen begehen sah.

Art. 5. Für die Zwecke der beiden vorigen Art. wird ein Verbrechen als ein solches „auf frischer Tat" nur bezüglich dessen, der bei seiner Begehung zugegen war, angesehen.

Art. 241. Mit Gefängnis von fünfzehn Tagen bis zu sechs Monaten wird bestraft, wer

1. die Ordnung in den Sitzungen der nationalen oder provinzialen gesetzgebenden Körperschaften, in den Sitzungen der Gerichte oder wo immer eine Behörde bei der Ausübung ihrer Amtstätigkeit begriffen ist, stört,
2. außer im Falle des Art. 237 einen öffentlichen Amtsträger[1]) hindert, eine Amtshandlung[2]) vorzunehmen, oder ihn bei ihrer Vornahme stört.

Art. 242. Der öffentliche Amtsträger[3]), der bei der Verhaftung eines Mitglieds der nationalen oder provinzialen öffentlichen Gewalten[4]), einer verfassunggebenden Versammlung oder eines Wahlmannsausschusses oder bei der Einleitung eines Verfahrens gegen ein solches Mitglied die in den betreffenden Verfassungen[5]) oder Gesetzen vorgeschriebene Form nicht einhält, wird mit Geldstrafe von fünfhundert bis zu zweitausend Pesos und besonderer Aberkennung oder Beschränkung von Rechten und Fähigkeiten[6]) von einem Jahr bis zu fünf Jahren bestraft.

Art. 243. Wer in gesetzmäßiger Weise als Zeuge, Sachverständiger oder Dolmetscher geladen ist und nicht erscheint, keine Aussage macht oder keine Auskunft erteilt[7]), wird mit Gefängnis von fünfzehn Tagen bis zu einem Monat bestraft[8]).

In den Fällen des Sachverständigen und des Dolmetschers ist außerdem auf besondere Aberkennung oder Beschränkung von Rechten und Fähigkeiten[9]) von einem Monat bis zu einem Jahr zu erkennen.

---

1) Vgl. Art. 77.

2) Vgl. Anm. 5 zu Art. 237.

3) Vgl. Art. 77.

4) Die nationalen öffentlichen Gewalten sind der Präsident, der Vizepräsident, die Minister, die Senatoren und die Abgeordneten, die Richter des Obersten Gerichtshofs, die Mitglieder der Appellationskammern und die Richter der Bundesgerichtsbarkeit und der ordentlichen Gerichtsbarkeit der Hauptstadt. Zu den provinzialen öffentlichen Gewalten gehören der Gouverneur, der Vizegouverneur, die Minister, Senatoren, Abgeordneten, die Mitglieder der oberen Gerichte und der Appellationskammern und alle Richter der ersten Instanz (Mallo III 272; Oderigo 342 Noten 1214, 1215).

5) Von der argentinischen Bundesverfassung vom 11. März 1949 kommen die Art. 46, 52, 61, 62 u. 63 in Betracht: Nach Art. 46 hat nur die Abgeordnetenkammer das Recht, den Präsidenten, den Vizepräsidenten, die Minister und die Mitglieder des Obersten Gerichtshofs vor dem Senat wegen mangelhafter Pflichterfüllung oder wegen Verbrechens bei der Ausübung ihres Amtes anzuklagen; desgl. wegen gemeiner Verbrechen, wenn vorher zwei Drittel ihrer Mitglieder der Eröffnung des Verfahrens zugestimmt haben. Der Senat urteilt in öffentlicher Verhandlung über die von der Abgeordnetenkammer Angeklagten (Art. 52). Wenn der Staatspräsident angeklagt wird, so führt der Präsident des Obersten Gerichtshofs den Vorsitz im Senat. Zum Schuldspruch ist immer die Mehrheit von zwei Dritteln der anwesenden Senatsmitglieder erforderlich (Art. 52). Nach Art. 61 kann kein Kongreßmitglied (der Kongreß besteht aus zwei Kammern: einer mit den Abgeordneten der Nation und einer mit den Senatoren der Provinzen und der Hauptstadt, Art. 41) wegen seiner Äußerungen bei Erfüllung seines Auftrags als Gesetzgeber angeklagt, gerichtlich vernommen oder belästigt werden. Art. 62 bestimmt, daß kein Senator oder Abgeordneter vom Tag seiner Wahl an bis zu deren Ende inhaftiert werden darf, ausgenommen bei Ergreifen auf frischer Tat, wenn er gerade ein mit dem Tode oder einer entehrenden oder sonst kränkenden Strafe bedrohtes Verbrechen ausführt; über diese Verhaftung sowie über das Untersuchungsergebnis muß der betreffenden Kammer berichtet werden. Nach Art. 63 kann jede Kammer, wenn ein Strafantrag gegen einen ihr Angehörenden (Senator, Abgeordneten) gestellt und das Untersuchungsergebnis in öffentlicher Verhandlung geprüft worden ist, den Betreffenden mit zwei Dritteln der Stimmen der Anwesenden vorläufig seines Amtes entheben und ihn dem zuständigen Richter überstellen.

6) Vgl. Art. 20.

7) Nicht zu verwechseln mit der falschen Aussage durch Verschweigen. Vgl. Art. 275.

8) Die von den Prozeßgesetzen angedrohten Sanktionen können unbeschadet der Vorschrift des Art. 243 verhängt werden (Gómez IV 29).

9) Vgl. Art. 20.

Zweites Kapitel

Ungebührlichkeit*)

Art. 244.[1]) Wer einen öffentlichen Amtsträger[2]) wegen oder während der Ausübung seiner Amtstätigkeit zum Zweikampf aufreizt, bedroht, beleidigt[3]) oder auf andere Weise in seiner Würde oder Achtung[4]) verletzt, wird mit Gefängnis von fünfzehn Tagen bis zu sechs Monaten bestraft.

---

*) Desacato (kann als Beamtenbeleidigung bezeichnet werden).

[1]) Art. 244 hatte durch Art. 4 des Gesetzes Nr. 13569 vom 13. Oktober 1949 (vgl. Anm. 2 zu Art. 67) eine Neufassung erhalten, durch die die Absätze 1 und 2 geändert, der seitherige Artikel 245 als Absatz 3 eingefügt und vier weitere Absätze (4—7) neu geschaffen worden waren. Das Dekret Nr. 486 vom 7. Oktober 1955 stellte den ursprünglichen Wortlaut des Art. 244 wieder her. Es hob mit der Neufassung auch Abs. 3 (den ursprünglichen Artikel 245) auf. — Die Neufassung des Art. 244 vom 13. Oktober 1949 lautete:

Art. 244. Wer einen öffentlichen Amtsträger wegen oder während der Ausübung seiner Amtstätigkeit, sei es unmittelbar in bezug auf ihn oder unter Anspielung auf die Staatsgewalt, die er vertritt, oder auf die öffentliche Einrichtung, der er angehört, oder sonstwie mittelbar zum Zweikampf aufreizt, bedroht, beleidigt oder auf andere Weise in seiner Würde oder Achtung verletzt, wird mit Gefängnis von zwei Monaten bis zu einem Jahr bestraft.

Ist der Verletzte der Staatspräsident oder der Vizepräsident, ein Angehöriger der gesetzgebenden Körperschaften der Nation oder einer Provinz, ein Gouverneur, ein Minister der Nation oder einer Provinz oder ein Richter, so ist auf Gefängnis von sechs Monaten bis zu drei Jahren zu erkennen.

Dem wegen Ungebührlichkeit Angeklagten ist der Beweis der Wahrheit oder der Offenkundigkeit der dem Verletzten beigelegten Handlungen oder Eigenschaften nicht gestattet.

Wenn die Druckerpresse benutzt wird, um eine Ungebührlichkeit, die in die Zuständigkeit der Bundesgerichtsbarkeit oder eines Gerichtes der Hauptstadt oder der nationalen Gebietsteile fällt, zu begehen, so ist der Leiter der Zeitschrift, in der die Veröffentlichung erscheint, oder der Herausgeber der Veröffentlichung persönlich verantwortlich, sofern nicht der Verfasser vom Beschuldigten binnen drei Tagen nach dem für den Empfang der Ermittlungserklärung bestimmten Tag namhaft gemacht worden ist und innerhalb der nachfolgenden fünf Tage vor Gericht erscheint und sich als Verfasser der Veröffentlichung, die Gegenstand der Anschuldigung ist, bekennt. Diese Ausnahmevorschrift gilt nicht, wenn die Kränkung vorher von einem anderen geäußert worden ist und dann in einer Druckschrift wiedergegeben wird.

Der Leiter oder Herausgeber ist von der Verantwortung nicht fei, wenn der sich als Verfasser Vorstellende offensichtlich nicht die Fähigkeit zur Ausführung der Handlung besitzt, gerichtlich verfolgt wird, eine Freiheitsstrafe verbüßt, abwesend ist, sich dem Verfahren entzieht oder geschäftsunfähig ist.

Für die Zwecke der vorhergehenden Bestimmungen teilen die Leiter periodischer Veröffentlichungen ihren Namen und ihren Wohnsitz durch ein Telegramm mit Vergleichung (telegrama colacionado) dem Urheberregister (Registro de la Propiedad intelectual) mit, bevor die Zeitschrift herausgegeben wird oder bevor sie ihre Tätigkeit von einem Vorgänger übernehmen.

Wer sich bei der Abgabe der Erklärung eine Fälschung zuschulden kommen läßt, wird mit Geldstrafe von zweitausend bis zu fünftausend Pesos bestraft. Wer die Erklärung unterläßt, wird ebenfalls mit Geldstrafe, die aus einer festen Summe von zweitausend Pesos und weiteren einhundert Pesos für jeden Tag der Nichterfüllung jener Verpflichtung besteht, bestraft.

Durch die Neufassung des Artikels 244 von 1949 sollte u. a. der Streit darüber, ob der Tatbestand der Ungebührlichkeit auch durch die Presse erfüllt werden kann, beendet werden. An der Neufassung, insbesondere den Absätzen 4 ff., wurde z. B. von Gómez IV 46 ff. starke Kritik geübt (Widerspruch zu Art. 23 der Verfassung vom 11. März 1949, wonach der Bundesgesetzgeber nicht durch Gesetz die Pressefreiheit einschränken oder die Presse der Bundesgerichtsbarkeit unterstellen darf; außerdem widersprächen die Einzelbestimmungen fundamentalen Prinzipien des Strafrechts und des Strafprozeßrechts), während z. B. Mallo III 278 die Vorschrift (unter Hinweis darauf, daß sie das Recht zur Kritik durch die Presse nicht beseitige) verteidigte. — In Abs. 4 wurde auf die verschiedenen Gerichtsbarkeiten Bezug genommen (vgl. die Vorbemerkung der Einleitung). Die sachliche Zuständigkeit der Bundesgerichte, der Gerichte der Hauptstadt und der nationalen Gebietsteile ist in den Art. 21 ff. der Strafprozeßordnung für die Bundesgerichtsbarkeit, die Gerichte der Hauptstadt und der nationalen Gebietsteile (Gesetz Nr. 2372 v. 17. Oktober 1888) bestimmt.

[2]) Vgl. Art. 77. Nach Oderigo S. 346 Note 1225 sind hier nur die Amtsträger gemeint, die eine Anordnungsbefugnis besitzen.

[3]) Vgl. Art. 110. Der Vorwurf eines Verbrechens gemäß Art. 109 fällt nicht unter Art. 244 (Gómez IV 45).

[4]) dignidad o decoro.

Auf Gefängnis von einem Monat bis zu einem Jahr ist zu erkennen, wenn der Verletzte der Staatspräsident, ein Mitglied des Kongresses, ein Provinzialgouverneur[1]), ein Minister der Nation oder einer Provinz, ein Mitglied einer provinzialen gesetzgebenden Körperschaft oder ein Richter ist.

Art. 245.[2]) Wer fälschlich ein Verbrechen vor der Behörde anzeigt, wird mit Gefängnis von zwei Monaten bis zu einem Jahr oder mit Geldstrafe von einhundert bis zu fünfhundert Pesos bestraft.

Drittes Kapitel

Anmaßung von Amtsgewalt, Titeln oder Ehren

Art. 246. Mit Gefängnis von einem Monat bis zu einem Jahr und besonderer Aberkennung oder Beschränkung von Rechten und Fähigkeiten[3]) von doppelter Dauer wird bestraft, wer

1. öffentliche Amtsbefugnisse ohne Titel oder Ernennung durch die zuständige Behörde ausübt oder sich beilegt;
2. seine Amtsbefugnisse weiterhin ausübt, nachdem er kraft Gesetzes aus dem öffentlichen Amt ausgeschieden oder ihm von der zuständigen Behörde der Beschluß, der seine Amtsentlassung oder einstweilige Amtsenthebung anordnet, amtlich mitgeteilt worden ist;
3. als öffentlicher Amtsträger[4]) Befugnisse ausübt, die zu einem anderen Amte gehören.

Art. 247. Wer öffentlich Abzeichen oder Kennzeichen[5]) eines Amtes, das er nicht bekleidet, trägt oder sich akademische Grade, Berufs-[6]) oder Ehrentitel[7]), die ihm nicht zukommen, anmaßt, wird mit Geldstrafe von fünfzig bis zu eintausend Pesos bestraft.

Viertes Kapitel

Amtsmißbrauch und Amtspflichtverletzung

Art. 248. Der öffentliche Amtsträger[8]), der Entscheidungen oder Verfügungen[9]), die gegen die nationalen oder provinzialen Verfassungen oder Gesetze verstoßen, erläßt, solche Verfügungen oder Entscheidungen ausführt oder die Gesetze, deren Vollzug ihm obliegt, nicht vollzieht[10]), wird

---

[1]) Vgl. die Vorbemerkung der Einleitung.

[2]) Neu geschaffen durch Art. 5 des Gesetzes Nr. 13569 vom 13. Okt. 1949 (aus dem Entwurf Coll-Gómez von 1937 übernommen). Der frühere Artikel 245 wurde zu Art. 244 III und ist mit dem reformierten Artikel 244 durch das Dekret vom 7. Oktober 1955 beseitigt worden. Vgl. Anm. 2 zu Art. 67.

[3]) Vgl. Art. 20.

[4]) Vgl. Art. 77.

[5]) insignias o distintivos.

[6]) Berufstitel werden aber nur dann durch Art. 247 geschützt, wenn sie gesetzlich für bestimmte Berufe festgelegt sind (Oderigo S. 351 Note 1247).

[7]) Offizielle Auszeichnungen auf gesetzlicher Grundlage; kirchliche Amtsbezeichnungen gehören nicht dazu, außer wenn sie von der Zivilbehörde verliehen worden sind (Oderigo S. 351 Note 1248), wohl aber z. B. die Verleihung des Nobelpreises (Mallo III 286). Militärische Amtsbezeichnungen fallen nicht unter Art. 247 (Gómez IV 75).

[8]) Vgl. Art. 77.

[9]) resoluciones u órdenes. Resolución bedeutet Entscheidung i. w. S. (nicht im engen des streitentscheidenden Aktes). Orden bezeichnet den Verwaltungsakt, der im deutschen Verwaltungsrecht Verfügung genannt wird.

[10]) Gemeint sind nur Verstöße gegen ausdrückliche gesetzliche Bestimmungen, nicht die Nichterfüllung von Verwaltungsfunktionen des betreffenden Amtes (Oderigo S. 352 Note 1252) oder von bloßen Verwaltungsvorschriften (Mallo III 290).

mit Gefängnis von einem Monat bis zu zwei Jahren und besonderer Aberkennung oder Beschränkung von Rechten und Fähigkeiten[1]) von doppelter Dauer bestraft.

Art. 249. Der öffentliche Amtsträger[2]), der eine Amtshandlung vorzunehmen gesetzwidrig unterläßt, verweigert oder verzögert, wird mit Geldstrafe von einhundert bis zu eintausend Pesos und besonderer Aberkennung oder Beschränkung von Rechten und Fähigkeiten[3]) von einem Monat bis zu einem Jahr bestraft.

Art. 250. Der Polizeibefehlshaber oder Polizeibeamte[4]), der die von der zuständigen Zivilbehörde in gesetzmäßiger Weise angeforderte Hilfeleistung[5]) ohne berechtigenden Grund verweigert, unterläßt oder verzögert, wird mit Gefängnis von einem Monat bis zu zwei Jahren und besonderer Aberkennung oder Beschränkung von Rechten und Fähigkeiten[6]) von doppelter Dauer bestraft.

Art. 251. Der öffentliche Amtsträger[7]), der den Beistand der Polizei[8]) gegen die Ausführung gesetzmäßiger behördlicher Bestimmungen[9]) oder Verfügungen[10]) oder gerichtlicher Urteile oder Befehle anfordert, wird mit Gefängnis von einem Monat bis zu vier Jahren und besonderer Aberkennung oder Beschränkung von Rechten und Fähigkeiten[11]) von doppelter Dauer bestraft.

Art. 252. Der öffentliche Amtsträger[12]), der seine Amtsstellung zum Schaden des öffentlichen Dienstes[13]) verläßt, ohne daß ihm die Niederlegung seines Amtes gestattet worden ist, wird mit Geldstrafe von fünfzig bis zu fünfhundert Pesos und besonderer Aberkennung oder Beschränkung von Rechten und Fähigkeiten[14]) von einem Monat bis zu einem Jahr bestraft.

Art. 253. Der öffentliche Amtsträger[15]), der eine Person, die nicht die gesetzlichen Voraussetzungen erfüllt, für ein öffentliches Amt vorschlägt oder ernennt, wird mit Geldstrafe von einhundert bis zu eintausend Pesos und besonderer Aberkennung oder Beschränkung von Rechten und Fähigkeiten[16]) von sechs Monaten bis zu zwei Jahren bestraft.

Ebenso wird bestraft, wer ein Amt annimmt, für das er nicht die gesetzlichen Voraussetzungen erfüllt.

---

1) Vgl. Art. 20.
2) Vgl. Art. 77.
3) Vgl. Art. 20.
4) Zur Polizei i. S. dieser Vorschrift gehört alles, was mit Aufrechterhaltung der öffentlichen Ordnung betraut ist, einschließlich z. B. des Zolls und der Sanitätspolizei, grundsätzlich jedoch nicht die bewaffneten Streitkräfte (Gómez IV 81; Mallo III 293; Oderigo 354 Note 1259).
5) Es muß sich um eine Hilfe handeln, die zu leisten dem Angegangenen zukommt (Oderigo S. 354 Note 1261).
6) Vgl. Art. 20.
7) Vgl. Art. 77.
8) Vgl. Anm. 4 zu Art. 250.
9) disposiciónes (= Bestimmungen, Vorschriften im allgemeinen Sinne).
10) órdenes. Vgl. Anm. 9 zu Art. 248.
11) Vgl. Art. 20.
12) Vgl. Art. 77.
13) Gemeint ist der Schaden in der Verfolgung der mit der Schaffung des öffentlichen Dienstes erstrebten Ziele, nicht die bloße Störung der internen Ordnung des öffentlichen Dienstes (Oderigo S. 355 Note 1267). Der Schaden muß eingetreten sein (Gómez IV 82).
14) Vgl. Art. 20.
15) Vgl. Art. 77.
16) Vgl. Art. 20.

Fünftes Kapitel

Siegelbruch und Verwahrungsbruch*)

Art. 254. Wer die Versiegelung[1]), die von der Obrigkeit zur Aufbewahrung oder Kennzeichnung einer Sache angebracht worden ist, verletzt, wird mit Gefängnis von sechs Monaten bis zu zwei Jahren bestraft.

Ist der Schuldige ein öffentlicher Amtsträger[2]) und hat er die Tat unter Mißbrauch seines Amtes begangen, so ist außerdem die besondere Aberkennung oder Beschränkung von Rechten und Fähigkeiten[3]) für die doppelte Dauer gegen ihn zu verhängen.

Wurde die Tat durch Unvorsichtigkeit oder Nachlässigkeit[4]) des öffentlichen Amtsträgers[2]) begangen, so ist auf Geldstrafe von fünfzig bis zu fünfhundert Pesos zu erkennen[5]).

Art. 255. Wer die der Obhut eines Amtsträgers oder eines Dritten im Interesse des öffentlichen Dienstes anvertrauten Gegenstände, die dem Beweis vor einer zuständigen Behörde zu dienen bestimmt sind, Register oder Urkunden entwendet, verheimlicht, zerstört oder unbrauchbar macht, wird mit Gefängnis von einem Monat bis zu vier Jahren bestraft. Ist der Schuldige der Verwahrer, so ist außerdem die besondere Aberkennung oder Beschränkung von Rechten und Fähigkeiten[6]) für die doppelte Dauer gegen ihn zu verhängen.

Der Verwahrer, durch dessen Unvorsichtigkeit oder Nachlässigkeit[7]) die Tat begangen wurde, wird mit Geldstrafe von fünfzig bis zu fünfhundert Pesos bestraft.

Sechstes Kapitel

Bestechung

Art. 256. Der öffentliche Amtsträger[8]), der selbst oder durch einen Mittelsmann Geld oder ein anderes Geschenk oder ein mittelbares oder unmittelbares Versprechen zu dem Zweck annimmt, daß er etwas seinen Befugnissen[9]) Entsprechendes tue oder unterlasse, wird mit Gefängnis von sechs Monaten bis zu zwei Jahren und umfassender Aberkennung oder Beschränkung von Rechten und Fähigkeiten[10]) von drei bis zu zehn Jahren bestraft.

Art. 257. Der Richter, der ein Versprechen oder ein Geschenk zu dem Zweck annimmt, daß er in einer zu seiner Zuständigkeit gehörenden Sache eine Entscheidung oder ein Urteil erlasse, verzögere oder nicht erlasse,

*) Violación de sellos y documentos (Bruch — Verletzung von Siegeln und Urkunden).

1) los sellos (die Siegel). Gemeint sind nicht nur solche Handlungen, die das Siegel selbst, sondern überhaupt solche, die die Versiegelung verletzen.

2) Vgl. Art. 77.

3) Vgl. Art. 20.

4) Vgl. S. 57 Anm. 2.

5) Natürlich nur gegen den öffentlichen Amtsträger. Private werden nach Abs. 1 bestraft.

6) Vgl. Art. 20.

7) Vgl. S. 57 Anm. 2.

8) Vgl. Art. 77.

9) Nur solche Handlungen, zu denen er zuständig ist. Überschreitet er bei Vornahme einer solchen Handlung seine Befugnisse, so konkurrieren Bestechung und Amtsmißbrauch (Art. 248 ff.) miteinander (Oderigo S. 362 Note 1298; Mallo III 311; Gómez IV 104).

10) Vgl. Art. 19.

wird mit Gefängnis von vier bis zu zwölf Jahren und dauernder umfassender Aberkennung oder Beschränkung von Rechten und Fähigkeiten[1]) bestraft.

Art. 258. Wer einem öffentlichen Amtsträger[2]) mittelbar oder unmittelbar Geschenke gibt oder anbietet, damit er eine seinen Befugnissen entsprechende Handlung vornimmt oder unterläßt, wird mit Gefängnis von sechs Monaten bis zu zwei Jahren bestraft. Wird das Geschenk einem Richter gemacht oder angeboten, so ist auf Gefängnis von einem Monat bis zu vier Jahren zu erkennen.

Ist der Schuldige ein öffentlicher Amtsträger[2]), so ist gegen ihn außerdem die besondere Aberkennung oder Beschränkung von Rechten und Fähigkeiten[3]) für die Dauer von sechs Monaten bis zu sechs Jahren im ersten Falle und von einem Jahr bis zu zehn Jahren im zweiten Falle zu verhängen.

Art. 259. Der öffentliche Amtsträger[4]), der während seiner Amtszeit Geschenke, die ihm in Hinblick auf sein Amt angeboten werden, entgegennimmt, wird mit umfassender Aberkennung oder Beschränkung von Rechten und Fähigkeiten[5]) von einem Jahr bis zu sechs Jahren bestraft.

Siebentes Kapitel

Veruntreuung öffentlicher Vermögenswerte[6])

Art. 260. Der öffentliche Amtsträger[7]), der Vermögenswerte[8]) oder Effekten[9]), die er verwaltet, anders als ihrer Bestimmung gemäß verwendet, wird mit besonderer Aberkennung oder Beschränkung von Rechten und Fähigkeiten[10]) von einem Monat bis zu drei Jahren bestraft. Entsteht aus der Tat eine Schädigung oder Hemmung des Dienstzweiges, für den sie bestimmt sind, so ist gegen den Schuldigen außerdem auf Geldstrafe in Höhe von zwanzig bis zu fünfzig Prozent der fehlgeleiteten Menge zu erkennen.

Art. 261. Der öffentliche Amtsträger[11]), der Vermögenswerte oder Effekten, deren Verwaltung, Vereinnahmung oder Obhut[12]) ihm auf Grund seines Amtes anvertraut worden ist, entwendet[13]), wird mit Zuchthaus oder Gefängnis von zwei bis zu zehn Jahren und dauernder umfassender Aberkennung oder Beschränkung von Rechten und Fähigkeiten[14]) bestraft.

---

[1]) Vgl. Art. 19.
[2]) Vgl. Art. 77.
[3]) Vgl. Art. 20.
[4]) Vgl. Art. 77.
[5]) Vgl. Art. 19.
[6]) Malversación de caudales públicos.
[7]) Vgl. Art. 77.
[8]) caudales.
[9]) efectos; öffentliche Wertpapiere: vom Bundesstaat, den Provinzen oder den Gemeinden ausgegebene und von der Regierung als handelsfähig anerkannte Urkunden über Forderungen (Oderigo S. 365 Note 1313; Gómez IV 115 unter Hinweis auf die Rechtsprechung; nach Mallo III 321 jedoch alles, was einen Wert von öffentlichem Charakter darstellt und der öffentlichen Hand gehört, in der Regel handelsfähige öffentliche Wertpapiere).
[10]) Vgl. Art. 20.
[11]) Vgl. Art. 77.
[12]) custodia (Aufbewahrung, Obhut).
[13]) sustrajere; Entwendung ist hier gleichbedeutend mit Aneignung (apropiación) (Mallo III 324). Art 261 behandelt die Amtsunterschlagung (peculado).
[14]) Vgl. Art. 19.

Art. 262. Der öffentliche Amtsträger[1]), der durch Unvorsichtigkeit, Nachlässigkeit oder Nichtbeachten der Vorschriften oder Pflichten seines Amtes[2]) die Entwendung von Vermögenswerten oder Effekten, von denen der vorige Artikel handelt[3]), ermöglicht, wird mit Geldstrafe in Höhe von zwanzig bis zu sechzig Prozent des Wertes der entwendeten Sachen bestraft.

Art. 263. Die vorhergehenden Bestimmungen gelten auch für die Personen, die Sachgüter[4]) verwalten oder aufbewahren, die Anstalten der öffentlichen Bildung oder Wohlfahrtsanstalten gehören, sowie für die Verwalter und Verwahrer von Vermögenswerten, die durch die zuständige Behörde gepfändet[5]), beschlagnahmt oder hinterlegt worden sind, mögen diese auch Privatpersonen gehören.

Art. 264. Der öffentliche Amtsträger[6]), der, obwohl er Mittel zur Verfügung hat, eine laufende[7]) oder von der zuständigen Behörde verfügte Zahlung ungerechtfertigt verzögert, wird mit besonderer Aberkennung oder Beschränkung von Rechten und Fähigkeiten[8]) von einem Monat bis zu sechs Monaten bestraft.

Ebenso wird der öffentliche Amtsträger[6]) bestraft, der sich nach einer Anforderung durch die zuständige Behörde weigert, eine Summe oder Effekten, die hinterlegt oder seiner Obhut[9]) oder Verwaltung unterstellt worden sind[10]), auszuhändigen.

Achtes Kapitel

Mit der Ausübung öffentlicher Befugnisse unvereinbare Geschäfte

Art. 265. Der öffentliche Amtsträger[11]), der sich unmittelbar, durch einen Mittelsmann oder eine zum Schein vorgenommene Handlung an einem Vertrage oder einem Geschäftsvorgang, bei dem er auf Grund seines Amtes mitwirkt, beteiligt[12]), wird mit Gefängnis von einem Jahr bis zu drei Jahren und umfassender Aberkennung oder Beschränkung von Rechten und Fähigkeiten[13]) von einem Jahr bis zu fünf Jahren bestraft.

Diese Bestimmung gilt auch für die Sachverständigen und die privaten Rechnungsprüfer[14]) bezüglich der Sachgüter[15]), bei deren Schätzung, Teilung oder Zuschlag sie mitgewirkt haben, und für die Vormünder, Pfleger, Testamentsvollstrecker und Konkursverwalter bezüglich der den Mündeln oder Pfleglingen gehörenden Gegenstände, bezüglich des Nachlasses oder des Konkursvermögens.

---

1) Vgl. Art. 77.
2) Vgl. S. 57 Anm. 2.
3) Also solchen, deren Verwaltung usw. dem Amtsträger auf Grund seines Amtes anvertraut ist.
4) Vgl. Anm. 2 zu Art. 186.
5) embargado (vgl. S. 73 Anm. 5).
6) Vgl. Art. 77.
7) d. h. periodisch wiederkehrende (wie z. B. Gehaltszahlung).
8) Vgl. Art. 20.
9) Vgl. S. 98 Anm. 12.
10) Auf Grund seines Amtes.
11) Vgl. Art. 77.
12) Die Beteiligung ist eine solche aus eigenem wirtschaftlichen Interesse (der Teilhabe am Gewinn) (Oderigo S. 372 Note 1347; Mallo III 334 f.). Nach Gómez (IV 136) braucht das Interesse kein Vermögensinteresse zu sein und auch den Verwaltungsinteressen nicht zu widerstreiten (im letzten Punkt ebenso Oderigo a. a. O.).
13) Vgl. Art. 19.
14) contadores particulares. Vgl. Anm. 2 zu Art. 178. Hier ist der contador als Sachverständiger gemeint.
15) Vgl. Anm. 2 zu Art. 186.

Neuntes Kapitel

Ungesetzliche Abgabenerhebung

Art. 266. Der öffentliche Amtsträger[1]), der selbst oder durch einen Mittelsmann unter Mißbrauch seines Amtes unberechtigt eine Abgabe[2]), eine Gebühr[3] oder ein Geschenk[4]) [5]) fordert oder zahlen oder einhändigen läßt[6]) oder höhere als die anstehenden Gebühren[3]) erhebt[7]), wird mit Gefängnis von einem Monat bis zu sechs Monaten und besonderer Aberkennung oder Beschränkung von Rechten und Fähigkeiten[8]) von einem Monat bis zu einem Jahr bestraft.

Art. 267. Wird die Tat mit Einschüchterung oder unter Berufung auf höheren Befehl, Auftrag, gerichtlichen Befehl oder eine andere rechtmäßige Ermächtigung begangen, so können die Gefängnisstrafe bis auf ein Jahr und die Aberkennung oder Beschränkung von Rechten und Fähigkeiten bis auf vier Jahre erhöht werden.

Art. 268. Der öffentliche Amtsträger[9]), der die in den vorigen Artikeln bezeichneten Abgabenerhebungen zu seinem eigenen oder eines Dritten Vorteil wendet, wird mit Gefängnis von zwei bis zu sechs Jahren und dauernder umfassender Aberkennung oder Beschränkung von Rechten und Fähigkeiten[10]) bestraft.

Zehntes Kapitel

Rechtsbeugung und Parteiverrat

Art. 269. Der Richter, der eine Entscheidung entgegen der ausdrücklichen Gesetzesbestimmung, auf die sich die Parteien berufen oder die er selbst heranzieht, fällt oder der zu ihrer Begründung falsche Tatsachen oder Entscheidungen anführt, wird mit Geldstrafe von eintausend bis zu viertausend Pesos und dauernder umfassender Aberkennung oder Beschränkung von Rechten und Fähigkeiten[11]) bestraft.

Handelt es sich um in verurteilendes Straferkenntnis, so ist auf Zuchthaus oder Gefängnis von drei bis zu fünfzehn Jahren und dauernder umfassender Aberkennung oder Beschränkung von Rechten und Fähigkeiten[11]) zu erkennen.

Die Bestimmung in Abs. 1 dieses Artikels ist auch auf Schiedsrichter[12]) anzuwenden.

---

[1]) Vgl. Art. 77.
[2]) contribución; auch häufig im Sinne von Steuer (impuesto) gebraucht.
[3]) derecho. Derechos fiscales (= tasas) sind Abgaben für eine von der öffentlichen Gewalt begehrte Tätigkeit vor Ausführung der begehrten Handlung (Nueva Enciclopedia Jurídica, Bd. V 1953, Art. „Contribución").
[4]) dádiva (freiwillige Leistung, die unentgeltlich gemacht wird), begehrt für eine Handlung, die unentgeltlich vorgenommen werden müßte (Oderigo S. 374 Note 1357).
[5]) die entweder überhaupt nicht oder nicht in der geforderten Höhe anstehen (Mallo III 337).
[6]) Für die Verwaltung, nicht für sich (in solchem Falle wäre Art. 268 anzuwenden).
[7]) Dazu genügt schon das Einfordern (Oderigo S. 374 Note 1358).
[8]) Vgl. Art. 20.
[9]) Vgl. Art. 77.
[10]) Vgl. Art. 19.
[11]) Vgl. Art. 19.
[12]) árbitros y arbitradores amigables componedores. Das von den árbitros durchgeführte schiedsgerichtliche Verfahren ist in den Art. 767—797 der Zivilprozeßordnung, das von den arbitradores amigables componedores (Vermittlern) durchgeführte in Art. 798—810 a. a. O. geregelt. Die árbitros fällen ihr Urteil gemäß dem Recht auf Grund des Vorgebrachten und Bewiesenen (Art. 787); es kann mit den gewöhnlichen Rechtsmittel angefochten werden. Die amigables componedores sind nicht an gesetzliche Formen gebunden und urteilen nach ihrem Wissen und Gewissen (Art. 802); ihre Urteile sind grundsätzlich nicht anfechtbar.

Art. 270. Der Richter, der Untersuchungshaft[1]) wegen eines Verbrechens, dessentwegen sie nicht statthaft ist[2]), anordnet oder der sie verlängert, obwohl sie, nach Art. 24 umgerechnet, die Höchststrafe, die dem Beschuldigten wegen des ihm vorgeworfenen Verbrechens gebühren kann, erreicht hat, wird mit Geldstrafe von fünfhundert bis zu zweitausendfünfhundert Pesos und umfassender Aberkennung oder Beschränkung von Rechten und Fähigkeiten[3]) von einem Jahr bis zu sechs Jahren bestraft.

Art. 271. Der Rechtsanwalt oder Prozeßbevollmächtigte[4]), der gegnerische Parteien im selben Verfahren gleichzeitig oder nacheinander verteidigt oder vertritt oder auf andere Weise der ihm anvertrauten Rechtssache wissentlich schadet, wird mit Geldstrafe von zweihundert bis zu zweitausend Pesos und besondere Aberkennung oder Beschränkung von Rechten und Fähigkeiten von einem Jahr bis zu sechs Jahren bestraft.

Art. 272. Die Bestimmung des vorigen Artikels gilt auch für Staatsanwälte, Beisitzer und andere Amtsträger, die beauftragt sind, ihr Gutachten[5]) vor Behörden zu erstatten.

Elftes Kapitel

Rechtsverweigerung und Rechtsverzögerung

Art. 273. Der Richter, der sich unter dem Vorwand unklaren, unzulänglichen oder schweigenden Gesetzes zu urteilen weigert, wird mit umfassender Aberkennung oder Beschränkung von Rechten und Fähigkeiten[6]) von einem Jahr bis zu vier Jahren bestraft.

Ebenso wird der Richter, der die Rechtspflege[7]) böswillig verzögert, nachdem die Parteien ihr Begehren gestellt haben[8]) und die gesetzlichen Fristen[9]) verstrichen sind, bestraft.

Art. 274. Der öffentliche Amtsträger[10]), der es unter Verstoß gegen seine Amtspflicht unterläßt, die Verfolgung und Bestrafung der Verbrecher zu betreiben, wird mit umfassender Aberkennung oder Beschränkung

---

[1]) Art. 363 ff. Strafprozeßordnung für die Bundesgerichtsbarkeit, die Hauptstadt und die nationalen Gebietsteile.

[2]) Nach Oderigo (S. 377 Note 1371) ist sie bei den nur mit Geldstrafe bedrohten Verbrechen nicht zulässig.

[3]) Vgl. Art. 19.

[4]) mandatario judicial. Das Recht der Prozeßbevollmächtigten ist enthalten im Gesetz Nr. 10996 vom 20. Oktober 1919 über die Prozeßvertretung (procuración) vor den nationalen Gerichten, dessen Art. 1 lautet: „Die Vertretung (representatión) im Verfahren vor Gerichten jeder Art in der Hauptstadt der Republik und den nationalen Gebietsteilen wie auch vor denen der Bundesgerichtsbarkeit der Provinzen kann nur ausgeübt werden
1. durch die Rechtsanwälte mit von der Staatsuniversität verliehenem Titel,
2. durch die in der entsprechenden Matrikel eingeschriebenen Prozeßvertreter,
3. durch die nationalen Notare (escribanos), die ihren Beruf nicht ausüben,
4. durch die, die eine gesetzliche Repräsentation ausüben."
Mit der Bezeichnung Prozeß-„bevollmächtigter" ist unmittelbar Bezug genommen auf die Vollmacht des argentinischen bürgerlichen Rechts (mandato; Art. 1869 ff. des Zivilgesetzbuchs; in etwa dem Auftrag des deutschen Rechts vergleichbar, jedoch mit Vollmacht, im fremden Namen und für fremde Rechnung zu handeln).

[5]) Gutachten, die im Verfahren angefordert werden, nicht bloße Auskünfte (Gómez IV 155).

[6]) Vgl. Art. 19.

[7]) Gerichtliche Entscheidungen jeder Art (Oderigo S. 380 Note 1385).

[8]) Es genügt das Begehren einer Partei (Gómez IV 163; Oderigo S. 380 Note 1386).

[9]) In den Prozeßgesetzen werden für die Urteile wie auch für andere gerichtliche Tätigkeiten bestimmte Fristen vorgeschrieben, so z. B. für die Verkündung des Urteils in Strafsachen erster Instanz 20 Tage nach Schluß der letzten mündlichen Verhandlung (Art. 494 der Strafprozeßordnung für die Bundesgerichtsbarkeit).

[10]) Vgl. Art. 77.

von Rechten und Fähigkeiten[1]) von sechs Monaten bis zu zwei Jahren bestraft, wenn er nicht nachweist, daß seine Unterlassung auf einem unüberwindlichen Hindernis beruhte.

Zwölftes Kapitel

Falsches Zeugnis

Art. 275.[2]) Der Zeuge, Sachverständige oder Dolmetscher, der in seiner Aussage, Auskunft, Übersetzung oder Erläuterung vor der zuständigen Behörde etwas Falsches bekundet oder die Wahrheit ganz oder teilweise leugnet oder verschweigt, wird mit Gefängnis von einem Monat bis zu vier Jahren bestraft.

Wird das falsche Zeugnis in einer Strafsache zum Nachteil des Beschuldigten abgegeben, so ist auf Zuchthaus oder Gefängnis von einem Jahr bis zu zehn Jahren zu erkennen.

In allen Fällen ist gegen den Angeklagten außerdem die umfassende Aberkennung oder Beschränkung von Rechten und Fähigkeiten[3]) für die doppelte Dauer der Freiheitsstrafe zu verhängen.

Art. 276. Die Strafe für den falsches Zeugnis ablegenden Zeugen, Sachverständigen oder Dolmetscher, der zu seiner Aussage durch Bestechung[4]) veranlaßt worden war, wird um eine dem Zweifachen des angebotenen oder empfangenen Betrages gleiche Geldstrafe verschärft.

Gegen den Bestechenden wird die Strafe für den ein einfaches falsches Zeugnis ablegenden Zeugen verhängt.

Dreizehntes Kapitel

Begünstigung und Hehlerei[5])

Art. 277. Mit Gefängnis von fünfzehn Tagen bis zu zwei Jahren wird bestraft, wer, ohne es vor der Tat versprochen zu haben, nach der Ausführung des Verbrechens

1. den Verbrecher verbirgt oder seine Flucht erleichtert, um ihn der Rechtspflege zu entziehen;
2. Spuren oder Beweise des Verbrechens verschwinden läßt;

---

[1]) Vgl. Art. 19.

[2]) Unter Strafe gestellt ist nur die falsche Aussage; einen besonderen Tatbestand des Meineides gibt es nicht. Jedoch müssen die Zeugen einen Eid (in der ihrem religiösen Glaubensbekenntnis entsprechenden Form) leisten, bevor sie ihre Aussage machen (Voreid), Art. 296 der Strafprozeßordnung für die Bundesgerichtsbarkeit, Art. 190 der Zivilprozeßordnung der Hauptstadt. Die Zeugenaussage ohne Eid ist nach der Rechtsprechung ungültig. Art. 307 der Strafprozeßordnung für die Bundesgerichtsbarkeit schreibt als eines der Erfordernisse für die volle Beweiskraft der Zeugenaussage die Eidesleistung vor. Die Sachverständigen leisten bei Übernahme des Auftrags einen Eid (Art. 326 der Strafprozeßordnung für die Bundesgerichtsbarkeit, Art. 170 der Zivilprozeßordnung für die Hauptstadt).

Für die Strafbarkeit des falschen Zeugnisses ist erforderlich, daß die falsche Aussage usw. einen Schaden (prozessualen Schaden) anrichten kann. Strafbar ist daher nicht, wer von Gesetzes wegen nicht Zeuge, Sachverständiger usw. sein kann, es sei denn, er verschweigt seine Untauglichkeit. Weitere Fälle der Straflosigkeit sind: Nichtigkeit der Abgabe des falschen Zeugnisses; Aussage über Umstände, die nicht durch Zeugenaussage bewiesen werden können; falsches Zeugnis über einen Umstand, der sich aus dem Gesetz ergibt; Unterbleiben der Eidesleistung (Gómez IV 169, 170; Oderigo S. 384 f. Note 1394).

[3]) Vgl. Art. 19.

[4]) Vgl. Art. 256.

[5]) encubrimiento (wörtlich: Verbergung, Verheimlichung), umfaßt weitgehend unsere Tatbestände der Hehlerei und der Begünstigung.

3. die entwendeten[1]) Sachen[2]) aufbewahrt, versteckt, kauft, verkauft, zum Pfande nimmt oder eintauscht[3]);
4. der Obrigkeit ohne berechtigenden Grund die Erlaubnis, die Wohnung zu betreten, um den darin befindlichen Verbrecher zu ergreifen, verweigert;
5. Verbrechern gewohnheitsmäßig Schutz gewährt oder in derselben Weise ihre Waffen oder erlangten Sachen[2]) verbirgt, auch wenn er keine bestimmte Kenntnis der Verbrechen besitzt;
6. es unterläßt, der Obrigkeit die Nachrichten, die er über die Begehung eines Verbrechens besitzt, mitzuteilen, wenn er auf Grund seines Berufes[4]) oder seines Amtes[5]) dazu verpflichtet ist.

Art. 278. Von der Strafe wegen Verbergens[6]) sind die Verwandten und Verschwägerten auf- und absteigender Linie, die Geschwister, die Ehegatten und die in der Seitenlinie im zweiten Grade Verschwägerten frei.

Bei den Verbrechen gegen Personen bleiben auch die vertrauten Freunde[7]) und die Personen, die von dem für das Verbrechen Verantwortlichen vor der Ausführung des Verbrechens große Wohltaten empfangen haben, von der Strafe wegen Verbergens[6]) frei.

Art. 279. Die im vorigen Artikel genannte Straffreiheit tritt nur ein, wenn das Verbergen nicht gegen Lohn oder Teilhabe an den aus dem Verbrechen erlangten Sachen[8]) geschieht.

Vierzehntes Kapitel

Entweichen von Gefangenen[9])

Art. 280. Wer gesetzmäßig inhaftiert ist[10]) und mit Zwang[11]) gegen Personen oder Gewalt[12]) gegen Sachen entweicht, wird mit Gefängnis von einem Monat bis zu einem Jahr bestraft.

Art. 281. Wer die Entweichung[13]) eines Inhaftierten oder Verurteilten begünstigt, wird mit Gefängnis von einem Monat bis zu vier Jahren be-

1) Dazu gehören nicht nur die gestohlenen oder geraubten, sondern auch die aus Betrügereien herrührenden Sachen (Gómez IV 182 unter Hinweis auf die Rechtsprechung).
2) efectos = das aus dem Verbrechen Erlangte; vgl. Anm. zu Art. 23.
3) Geschenkweises Annehmen ist nicht strafbar (da abschließende Aufzählung der Begehungsweisen) (Gómez IV 183).
4) Ärzte und alle, die berufsmäßig die Heilkunde betreiben, sind verpflichtet, innerhalb von 24 Stunden (oder bei großer Gefahr sofort) dem zuständigen Richter, dem Staatsanwalt oder der Polizei in den Fällen, in denen sie ihre Hilfe geleistet haben, Mitteilung von Vergiftungen und anderen schweren Angriffen auf einen Menschen zu machen (Art. 165, 166 der Strafprozeßordnung für die Bundesgerichtsbarkeit), außer wenn sie von dem Verbrechen durch Enthüllungen, die ihnen unter dem Berufsgeheimnis gemacht wurden, erfahren haben (Art. 167 a. a. O.).
5) Alle öffentlichen Bediensteten, die in Ausübung ihres Dienstes von einem Verbrechen Kenntnis erlangen, sind zur Anzeige verpflichtet (Art. 164 der Strafprozeßordnung für die Bundesgerichtsbarkeit).
6) „Verbergen" bedeutet hier „den Beschuldigten der Strafverfolgung entziehen" (nach Mallo III 378).
7) amigos íntimos.
8) efectos. Vgl. Anm. 2 zu Art. 277.
9) Evasión.
10) Keine gesetzmäßige Inhaftierung ist auch die wegen eines nur mit Geldstrafe bedrohten Verbrechens. — Der Grund der Inhaftierung ist gleich (Strafvollstreckung, Untersuchung, vorläufige Festnahme) (Oderigo S. 393 Note 1422).
11) violencia = physische und psychische Gewalt (Oderigo S. 394 Note 1424). Vgl. auch Art. 78.
12) fuerza.
13) Das Delikt ist mit der Entweichung des Gefangenen vollendet (Oderigo S. 394 Note 1426).

straft. Ist der Täter ein öffentlicher Amtsträger[1]), so wird gegen ihn außerdem die umfassende Aberkennung oder Beschränkung von Rechten und Fähigkeiten[2]) für die dreifache Zeitdauer verhängt.

Ist die Entweichung die Folge der Nachlässigkeit eines öffentlichen Amtsträgers[1]), so wird dieser mit Geldstrafe von einhundert bis zu eintausend Pesos bestraft.

Zwölfter Abschnitt

Verbrechen gegen das öffentliche Vertrauen[3])

Erstes Kapitel

Fälschung von Geld, Banknoten, Inhaberpapieren und Forderungsurkunden

Art. 282. Wer Geld[4]), das einen gesetzlichen Kurs in der Republik hat, fälscht oder das gefälschte Geld einführt, ausgibt oder in Verkehr bringt, wird mit Zuchthaus oder Gefängnis von drei bis zu fünfzehn Jahren bestraft.

Art. 283. Wer Geld mit gesetzlichem Kurs verringert oder verändert oder verringertes oder verändertes Geld einführt, ausgibt oder in Verkehr bringt, wird mit Zuchthaus oder Gefängnis von einem Jahr bis zu fünf Jahren bestraft.

Besteht die Veränderung in einer Änderung der Farbe des Geldes, so ist auf Gefängnis von sechs Monaten bis zu drei Jahren zu erkennen.

Art. 284. Wird falsches, verringertes oder verändertes Geld gutgläubig empfangen und in Erkenntnis seiner Unechtheit, Verringerung oder Veränderung ausgegeben oder in Verkehr gebracht, so ist auf Geldstrafe von einhundert bis zu zweitausend Pesos zu erkennen.

Art 285. Für die Anwendbarkeit der vorigen Artikel werden die mit gesetzlicher Genehmigung[5]) ausgegebenen Banknoten, die Schuldpapiere[6]) der Nation, der Provinzen und Gemeinden und die dazu gehörenden Zinsscheine, die Schuldscheine und Anweisungen der Nationalkasse, der Provinzial- und Gemeindekassen[7]), die Inhaberpapiere, Inhaberscheine und Inhaberaktien, die von den dazu ermächtigten Banken oder Gesellschaften gesetzmäßig ausgegeben worden sind, und die Schecks dem Gelde gleichgestellt.

Art. 286. Bei Fälschung, Verringerung oder Veränderung ausländischen Geldes, das keinen gesetzlichen Kurs in der Republik hat, oder ausländischer Banknoten, ausländischer öffentlicher Schuldverschreibungen[8]), ausländischer Inhaberpapiere oder Forderungsurkunden ist im Falle des Art. 282 auf Gefängnis von einem Jahr bis zu fünf Jahren, in dem des

---

1) Vgl. Art. 77.
2) Vgl. Art. 19.
3) Delitos contra la fe pública.
4) Bestritten ist, ob nur Metallgeld (so Oderigo S. 397 Note 1433; Gómez IV 204) oder auch Papiergeld (so Mallo III 389) gemeint ist.
5) die der Kongreß (Abgeordnetenkammer und Senat) erteilt, Art. 68 Ziff. 5 der Verfassung.
6) die aus einer Anleihe herrühren (Oderigo 401 Note 1456).
7) d. h. Schuldscheine usw. des Staates, der Provinzen und Gemeinden als Träger des zur Erfüllung ihrer Aufgaben erforderlichen Vermögens.
8) Vgl. oben Anm. 6.

Artikels 283 auf Gefängnis von sechs Monaten bis zu zwei Jahren und dem des Artikels 284 auf Geldstrafe von fünfzig bis zu fünfhundert Pesos zu erkennen.

Art. 287. Der öffentliche Amtsträger[1]) und der Leiter oder Geschäftsführer einer Bank oder einer Gesellschaft, die Geld mit geringerem als dem gesetzlichen Feingehalt oder Gewicht, Banknoten, Inhaberpapiere, Inhaberscheine oder Inhaberaktien in größerer als der genehmigten Menge herstellen oder ausgeben oder diese Herstellung oder Ausgabe genehmigen, werden mit Zuchthaus oder Gefängnis von einem Jahr bis zu sechs Jahren und umfassender Aberkennung oder Beschränkung von Rechten und Fähigkeiten[2]) von doppelter Dauer bestraft.

Zweites Kapitel

Fälschung von Siegeln, Stempeln und Marken

Art. 288. Mit Zuchthaus oder Gefängnis von einem Jahr bis zu sechs Jahren wird bestraft, wer

1. amtliche Siegel fälscht;
2. Stempelpapier, Brief- oder Fernschreibemarken oder andere Stempelwertzeichen, deren Ausgabe der Obrigkeit vorbehalten ist oder die Erhebung von Steuern[3]) bezweckt, fälscht.

In diesen Fällen wie auch denen der folgenden Artikel gilt der betrügerische Abdruck eines echten Siegels[4]) als Fälschung.

Art. 289. Mit Gefängnis von sechs Monaten bis zu drei Jahren wird bestraft, wer

1. Marken[5]), Kennmarken[6]) oder Unterschriften[7]), die in öffentlichen Amtsstellen oder von öffentlichen Amtsträgern[8]) benutzt werden, um Maße oder Gewichte zu eichen oder Gegenstände als bestimmte zu kennzeichnen, fälscht;
2. Berechtigungskarten von Unternehmungen[9]), Siegel, Marken[10]) oder Kennmarken[6]) privater Fabriken oder Unternehmen, die für bestimmte Arbeiten oder Waren gesetzlich vorgeschrieben sind, fälscht;
3. Marken oder Kennmarken[6]) der öffentlichen Amtsstellen oder Siegel, Marken oder Kennmarken privater Fabriken oder Unternehmen, auf die sich die vorige Ziffer bezieht, an anderen als den Gegenständen, Arbeiten oder Waren, für die sie bestimmt sind, anbringt;

---

[1]) Vgl. Art. 77.
[2]) Vgl. Art. 19.
[3]) impuestos. Oderigo meint, impuestos sei hier im weiten Sinne von „Abgaben" gemeint (S. 405 Note 1478); dem widerspricht Gómez (IV 219).
[4]) Die Urkunde, auf die der echte Stempel gedrückt wird, muß gefälscht sein (Mallo III 404).
[5]) marcas. Vgl. nächste Anmerkung.
[6]) contraseñas. Von den Marken sind sie dadurch unterschieden, daß sie für sich selbständige Sachen (Karten, Zettel, Blechmarken usw.), die auf (an) dem zu kennzeichnenden Gegenstand angebracht werden, darstellen, während die Marken den Charakter von Siegeln haben (Oderigo S. 406 Noten 1482 und 1483).
[7]) firmas. Gemeint sind nicht Unterschriften, die der Individualisierung der Aussteller von Urkunden dienen, sondern solche, die amtlich angebracht werden, um einen Gegenstand zu individualisieren oder zu identifizieren; sie dienen dann als Kennmarken (Oderigo S. 406 Note 1484).
[8]) Vgl. Art. 77.
[9]) billetes de empresas (Fahrkarten, Eintrittskarten usw.). Sie müssen durch Gesetz oder behördliche Anordnung genehmigt sein (Oderigo S. 407 Note 1489).
[10]) Es muß sich um eingetragene Marken handeln (Oderigo S. 407 Note 1490).

4.[1]) die von der zuständigen Behörde an Waffen oder anderen Angriffsgeräten, die durch Gesetz bezeichnet sind, angebrachten Bezifferungen, Marken oder Kennmarken fälscht, verändert oder unterdrückt oder wer in Kenntnis dieser Tat die genannten Waffen oder Geräte unter den erwähnten Umständen gebraucht oder in seiner Gewalt hat.

Art. 290. Wer von einem Siegel oder Stempel, einer Marke oder Kennmarke, die in den vorigen Artikeln erwähnt sind, das Zeichen entfernt, das die bereits geschehene Verwendung oder Entwertung für den Zweck ihrer Ausgabe[2]) angibt, wird mit Gefängnis von fünfzehn Tagen bis zu einem Jahr bestraft.

Wer diese entwerteten Siegel, Stempel usw. wissentlich verwendet, verwenden läßt oder zum Verkauf anbietet, wird mit Geldstrafe von einhundert bis zu fünftausend Pesos bestraft.

Art. 291. Wenn der eines der in den vorigen Artikeln genannten Verbrechen Schuldige ein öffentlicher Amtsträger ist[3]) und die Tat unter Mißbrauch seines Amtes begangen hat, so ist gegen ihn außerdem die umfassende Aberkennung oder Beschränkung von Rechten und Fähigkeiten[4]) für die doppelte Dauer der Freiheitsstrafe zu verhängen.

Drittes Kapitel

Urkundenfälschung im allgemeinen

Art. 292. Wer eine unechte Urkunde im ganzen oder zu einem Teil[5]) herstellt oder eine echte verfälscht, so daß daraus ein Nachteil[6]) entstehen kann, wird, wenn es sich um eine öffentliche Urkunde handelt, mit Zuchthaus oder Gefängnis von einem Jahr bis zu sechs Jahren, und wenn es sich um eine Privaturkunde handelt, mit Gefängnis von sechs Monaten bis zu zwei Jahren bestraft.

Art. 293. Wer in eine öffentliche Urkunde falsche Erklärungen über eine Tatsache, die die Urkunde beweisen soll, aufnimmt oder aufnehmen läßt, so daß daraus ein Nachteil entstehen kann[6]), wird mit Zuchthaus oder Gefängnis von einem Jahr bis zu sechs Jahren bestraft.

Art. 294. Wer eine Urkunde ganz oder teilweise unterdrückt oder vernichtet, so daß daraus ein Nachteil[6]) entstehen kann, wird mit der in den vorigen Artikeln für den entsprechenden Fall angedrohten Strafe bestraft.

---

[1]) Ziff. 4 wurde eingefügt durch Art. 37 des Gesetzes Nr. 13945 vom 3. Oktober 1950 über das Halten von Waffen und Sprengstoffen und den Verkehr mit ihnen.

[2]) expedición (Ausfertigung); in Art. 282 des spanischen StGB vom 23. Dezember 1944 (Art. 293 des StGB vom 17. Juni 1870), der fast wörtlich mit Art. 290 des argentinischen StGB übereinstimmt und (als Art. 293 des StGB vom 17. Juni 1870) als Vorlage desselben gedient hat, heißt es expendición (Ausgabe). Eine Sinnänderung sollte mit dieser Wortänderung wohl nicht verbunden sein.

[3]) Vgl. Art. 77.

[4]) Vgl. Art. 19.

[5]) Fälschung einer Urkunde in einem Teil derselben durch (unselbständige) Hinzufügungen zu einer bereits bestehenden (echten) Urkunde. Nach Oderigo (S. 410 Note 1499) darf dabei an dem bereits bestehenden Urkundenteil nichts geändert werden (sonst Verfälschung); andere begnügen sich damit, daß einige wesentliche Bestandteile der Urkunde gefälscht sind und die übrigen nicht (so z. B. Gómez IV 226). — Die von Art. 173 Ziff. 4 erfaßten Handlungen stellen keine Urkundenfälschung dar.

[6]) Nachteil jeder Art (Oderigo S. 411 Note 1503).

Art. 295. Gegen den Arzt, der ein falsches Zeugnis über das gegenwärtige oder frühere Vorhandensein oder Nichtvorhandensein einer Krankheit oder einer Verletzung ausstellt, wird, wenn daraus ein Nachteil[1]) entsteht, eine Gefängnisstrafe von einem Monat bis zu einem Jahr verhängt.

Müßte das falsche Zeugnis zur Folge haben, daß ein gesunder Mensch in einem Irrenhaus, einer Heilanstalt oder einem anderen Krankenhaus festgehalten wird, so ist auf Gefängnisstrafe von einem Jahr bis zu vier Jahren zu erkennen[2]).

Art. 296. Wer eine gefälschte oder verfälschte Urkunde oder ein gefälschtes oder verfälschtes Zeugnis[3]) verwendet, wird wie der Täter der Fälschung bestraft.

Art. 297. Für die Anwendung der Vorschriften dieses Kapitels werden die eigenhändig geschriebenen[4]) und die verschlossenen[5]) Testamente, die Wechsel[6]) und die durch Indossament übertragbaren oder auf den Inhaber lautenden[7]) Forderungspapiere, die in Art. 285 nicht genannt sind, den öffentlichen Urkunden gleichgestellt.

Art. 298. Wenn eines der in diesem Kapitel genannten Verbrechen von einem öffentlichen Amtsträger[8]) unter Mißbrauch seiner Befugnisse begangen wird, so ist gegen den Schuldigen außerdem die umfassende Aberkennung oder Beschränkung von Rechten und Fähigkeiten[9]) für die doppelte Dauer der Freiheitsstrafe zu verhängen.

Viertes Kapitel

Gemeinsame Bestimmungen für die vorhergehenden Kapitel

Art. 299. Gegen den, der Stoffe oder Werkzeuge, die augenscheinlich dazu bestimmt sind, für die Begehung einer der in diesem Abschnitt gesetzlich erfaßten Fälschungen zu dienen, herstellt, in das Land einführt oder aufbewahrt, ist eine Gefängnisstrafe von einem Monat bis zu einem Jahr zu verhängen.

Fünftes Kapitel

Vom Betrug in Handel und Gewerbe

Art. 300.[10]) Mit Gefängnis von sechs Monaten bis zu zwei Jahren wird bestraft, wer

---

1) Vgl. S. 106 Anm. 6.

2) Im Falle des Abs. 2 ist nicht erforderlich, daß der Nachteil eintritt; es genügt hier (wie in Art. 292—294) die Möglichkeit seines Eintritts. Jedoch muß das falsche Zeugnis gebraucht worden sein; Oderigo S. 419 Note 1523; Mallo III 426 (für Absatz 1 ergibt sich dies daraus, daß ein Nachteil eintreten muß, Mallo a. a. O. Anm. 1).

3) Es werden von Art. 296 nur die Fälle erfaßt, in denen die Fälschung oder Verfälschung ein Verbrechen darstellt (Oderigo S. 420 Note 1525); siehe dazu Art. 292—295.

4) Art. 3639 ff. des Zivilgesetzbuchs.

5) Art. 3665 ff. des Zivilgesetzbuchs. Das verschlossene Testament entspricht unserem durch Übergabe einer verschlossenen Schrift errichteten öffentlichen Testament (§ 2238 Abs. 1 zweite Alternative BGB).

6) Art. 598 ff. des Handelsgesetzbuchs.

7) Allgemeine Bestimmungen über die Inhaberpapiere enthalten die Artikel 742 ff. des Handelsgesetzbuchs. Zu den Inhaberpapieren werden auch die durch Blankoindossament auf den Inhaber gestellten Orderpapiere (für den Wechsel Art. 627 des Handelsgesetzbuchs) gerechnet (Oderigo S. 422 Note 1532).

8) Vgl. Art. 77.

9) Vgl. Art. 19.

10) Art. 300 wird ergänzt durch das Gesetz Nr. 12 906 vom 30. Dezember 1946 über die Unterdrückung der Spekulation und der Monopolbildung (der Trusts).

1. den Preis von Waren, Staatspapieren oder Wertpapieren durch falsche Nachrichten, vorgetäuschte Geschäfte oder durch eine zu dem Zweck[1]), eine Ware oder ein Handelsgut nicht oder nur zu einem bestimmten Preis zu verkaufen, zustande gebrachte Versammlung oder Verbindung unter den Hauptinhabern der Ware oder des Handelsgutes steigen oder fallen läßt;
2. Staatspapiere oder Aktien oder Schuldverschreibungen[2]) einer Gesellschaft oder einer juristischen Person anbietet und dabei Tatsachen oder Umstände entstellt oder verheimlicht oder über Tatsachen oder Umstände falsche Behauptungen aufstellt oder falsche Mutmaßungen anstellen läßt;
3. als Gründer, Leiter, Geschäftsführer oder Aufsichtsrat einer Aktiengesellschaft, einer Genossenschaft oder eines anderen Handelsunternehmens eine falsche oder unvollständige Bilanz oder einen anderen falschen oder unvollständigen Bericht veröffentlicht oder genehmigt, gleich, welcher Zweck damit verfolgt wird.

Art. 301. Der Leiter, Prokurist oder Geschäftsführer[3]) einer Aktiengesellschaft, Genossenschaft oder sonstigen juristischen Person, der bei Handlungen, die den maßgebenden Satzungsbestimmungen, Gesetzen oder Verordnungen[4]) zuwiderlaufen und die zur Folge haben, daß die juristische Person oder die Gesellschaft ihre Verpflichtungen nicht erfüllen kann oder aufgelöst werden muß, mitwirkt oder ihnen zustimmt, wird mit Gefängnis von zwei bis zu sechs Jahren bestraft.

Sechstes Kapitel

Von der Zahlung mit ungedeckten Schecks[5])

Art. 302. Wer einem anderen einen Scheck oder Zahlungsauftrag[6]) in Zahlung gibt oder zu welchem Zweck auch immer aushändigt, ohne

---

[1]) Es ist nur der Zweck der Versammlung oder Verbindung gemeint; für die anderen Alternativen der Tatbestandserfüllung gilt dieses Erfordernis nicht (Oderigo 425 Note 1541; Gómez IV 246, 247).

[2]) obligaciones; sie können Namens- oder Inhaberpapiere sein.

[3]) director, gerente o administrador.

[4]) Vgl. Art. 77.

[5]) Vgl. Art. 172, 175 Ziff. 4 und 285. — Das Scheckrecht ist niedergelegt in Art. 798 ff. des Handelsgesetzbuchs.

[6]) cheque o giro. Vgl. S. 75 Anm. 3. Art. 302 dient nur dem Schutz des Scheckverkehrs.

Art. 798 des Handelsgesetzbuchs lautet: „Der Scheck ist ein Zahlungsauftrag (orden de pago), der auf eine Bank gezogen wird, bei der der Aussteller hinterlegtes Kapital zu seiner Verfügung, eine laufende Rechnung mit einem Saldo zu seinen Gunsten oder einen offenen Kredit hat."

Vgl. dazu über den Wechsel (letra de cambio) Satz 1 des Art. 598 („Der Wechsel ist ein mit den von diesem Gesetz vorgeschriebenen Förmlichkeiten versehener schriftlicher Auftrag (orden escrita), durch den jemand einem andern die Zahlung einer Geldsumme aufgibt") sowie Art. 600 des Handelsgesetzbuchs („Jeder Wechsel muß auf Order gestellt sein, damit er durch Indossament übertragen werden kann. Wird er nicht auf Order gestellt, so kann er nur in der vom Zivilgesetzbuch für die Abtretung nicht indossierbarer Forderungen vorgeschriebenen Form übertragen werden").

Der Scheck kann nur auf eine Bank gezogen werden. Die Aussteller müssen besondere Formulare benutzen, die die Banken ausgeben. Wesentliche Formerfordernisse sind: die aufgedruckte Nummer; das Datum; der Ausstellungsort; der Name der Bank; die Angabe, ob der Scheck auf Order, auf den Inhaber oder auf eine bestimmte Person gestellt ist; die Schecksumme in Worten (die weder mit der Maschine geschrieben noch gedruckt sein dürfen) und Ziffern sowie die Geldsorte; die Unterschrift des Ausstellers (Art. 800 a. a. O.). — Der Scheck muß der Bank innerhalb von 15 Tagen seit Empfang durch den Inhaber (bzw. innerhalb eines Monats seit Ausstellung, sofern die Bank sich nicht am Ort der Ausstellung befindet) zur Zahlung vorgelegt werden (Art. 813 a. a. O.). Die Bank kann aber auch noch innerhalb der doppelten Frist zahlen (Art. 815 a. a. O.).

Deckung[1]) oder die ausdrückliche Erlaubnis zur Ziehung ohne Deckung zu haben, und nicht den Betrag[2]) innerhalb von vierundzwanzig Stunden, nachdem Protest erhoben worden ist, in nationalem Geld, das gesetzlichen Kurs hat, vergütet[3]), wird, sofern nicht die Tatumstände des Artikels 172 vorliegen, mit Gefängnis von einem Monat bis zu sechs Monaten bestraft.

Ergänzungsbestimmungen

Art. 303. Dieses Gesetzbuch tritt sechs Monate nach seiner Verkündung als Gesetz der Nation in Kraft.

Art. 304. Die ausführende Gewalt besorgt die amtliche Ausgabe des Gesetzbuchs zusammen mit der Darlegung der dem Gesetz beigefügten Motive. Die Kosten der Veröffentlichung werden diesem Gesetz zugerechnet.

Art. 305. Aufgehoben sind die Gesetze Nr. 49, 1920, 3335, 3900, 3972, 4189, 7029, 9077 und 9143 ebenso wie die übrigen, soweit sie diesem Gesetzbuch widersprechen. Die Strafen des Kerkers und des Besserungshauses, die die von diesem Gesetzbuch nicht aufgehobenen Nebengesetze androhen, werden durch die Zuchthausstrafe und die des Gefängnisses und der Haft durch die Gefängnisstrafe ersetzt.

Art. 306. Mitzuteilen der ausführenden Gewalt.

Gegeben im Sitzungssaal des argentinischen Kongresses in Buenos Aires am 30. September 1921.

BENITO VILLANUEVA
B. Ocampo
Senatssekretär

ARTURO GOYENECHE
L. Piñeiro Sorondo
Prosekretär der Abgeordnetenkammer

Registriert unter Nr. 11 179

Die Ausführende Gewalt der Nation
Justizdepartement
C. 846

Buenos Aires, den 29. Oktober 1921

Es soll als Gesetz der Nation gelten; veröffentlicht, mitgeteilt, an das Nationalregister gegeben und im Archiv aufbewahrt werden.

YRIGOYEN
J. S. Salinas

---

1) Die Deckung muß im Augenblick der (innerhalb der gesetzlichen Frist vorgenommenen) Einlösung des Schecks vorhanden sein; Ausstellen eines Schecks ohne Guthaben zur Zeit der Ziehung ist nicht strafbar (Oderigo S. 427 Note 1552 unter Hinweis auf die Rechtsprechung).

2) Einschließlich der Protestkosten (Oderigo S. 428 Note 1555).

3) Es ist Zahlung der Schecksumme in gesetzlicher Währung (an den Gläubiger) erforderlich; Deckung bei der Bank genügt zu diesem Zeitpunkt nicht (Gómez IV 258; Oderigo S. 428 Note 1556).